標本則句句深達佛心　明末則言言備通眾教

肇論略注

【木刻珍藏版】

標乎實相　開空法道　莫逾真俗

（明）憨山德清◎撰述

肇論序

慧達率愚序長安釋僧肇法師所作宗本不遷等四論曰有美若人超語兼默標本則句句深達佛心明末則言言備通眾教達猥生天幸逢此正音每至披尋不勝手舞誓願生生盡命弘述夫神道不形心敏難繪聊寄一序請俟來哲蓋大分深義厥號本無故建言宗旨標乎實相開空法道莫逾真俗所以次釋二諦顯佛教門但圓正之因無尚般若至極之果唯

有涅槃。故末啟重玄明眾聖之所宅。雖以性空擬本。無本可稱。語本絕言。非心行處。然則不遷當俗。俗則不生。不眞爲眞。眞但名說。若能崇茲一道。無言二諦。斯則靜照之功著。故般若無知。無名之德興。而涅槃不稱。余謂此說周圓。罄佛淵海。浩博無涯。窮法體相。洪論第一。肇公其人矣。

肇論略注卷一

明匡山沙門憨山釋德清述

肇乃作者之名。曰僧肇。時稱肇公。論乃所立之論。蓋以人名論也。公爲什門高弟。從譯場翻譯諸經。久參什師。深達實相。比因佛法西來甚少。大義未暢。時人多尚老莊虛無之談。而沙門釋子亦相尚之。多宗虛無以談佛義。各立爲宗。如晉道恆述無心論。東晉道林作卽色遊玄論。晉竺法汰作本無論。皆墮相言無。都墮斷滅。公愍大道未明。故造此四論。以破邪執。斯立言之本意也。論者謂假立賓主。徵析論量。以顯正理。摧破邪執。人法雙彰。故曰肇論。

後秦長安釋僧肇作

苻堅有國據關中。號為大秦。暨姚萇篡立。亦號為秦。故史以前後別之。萇崩。其子興。嗣國。什師譯經。當興之時。故公稱後秦。按公傳略云。法師僧肇。京兆人。幼家貧。為人傭書。遂博觀子史。志好虛玄。每以老莊為心要。既而歎曰。美則美矣。然其棲神冥累之方。猶未盡善。後見舊維摩經。歡喜頂受。乃曰始知所歸矣。因此出家。年二十。為沙門。名震三輔。什公在姑臧。肇走依之。什與語驚曰。法中龍象也。及歸關中。詳定經論。四方學者。輻輳而至。設難交攻。肇迎刃而解。皆出意表。著般若無知論。什覽之曰。吾解不謝子。文當相揖耳。傳其論至匡山。劉遺民以似遠公。公拊髀歎曰。未曾有也。復作物不遷等論。皆妙盡精微。秦主尤重其筆札。傳布中外。年三十二而卒。當時惜其早世云。

宗本義

宗本者。宗其立論所宗有本也。以四論非一時作。論既成。乃以宗本義統之。蓋所宗本乎一心。以窮萬法迷悟凡聖之源也。如起信以一心爲宗。有法有義。故曰宗本義。

本無實相法性性空緣會一義耳。

此標宗揀法。以爲四論之本也。本無者。直指寂滅一心。了無一法。離一切相。迥絕聖凡。故曰本無。非推之使無也。以一切諸法。皆一心隨緣之所變現。心本無生。但緣會而生。故曰緣會。以緣生諸法。本無實體。緣生故空。故曰性空。以全體眞如所變。故曰法性。眞如法性所成諸法。眞如無相。故諸法本體寂滅。故曰實相。是以本無爲一心之體。緣會爲一心之用。實相法性性空。皆一心所成萬法之義。故曰一義耳。依一心法。立此四論。不遷當俗。不眞當眞。二諦爲所觀之境。般若爲能觀之心。三論爲因涅槃爲果。故首爲宗體。

何則此徵起四論。各有所宗。一切諸法緣會而生。此下得顯不遷宗體也。寂滅一心本無諸法。本無今有。故曰緣會而生。

緣會而生則未生無有。緣離則滅。此顯心本不生。但是緣生。非心生也。以生本無生。故滅亦緣滅。非心滅也。不生不滅一心之義。於是乎顯矣。

如其眞有。有則無滅。此返顯緣生諸法非實有也。眞實也。若諸法果是實有。則不應隨緣散滅。今既隨緣滅。則法非實有矣。

以此而推。故知雖今現有。有而性常自空。性常自空

故謂之性空。

以此緣生緣滅而觀諸法。則知雖今現有而非實有。以體常自空。體常自空。故義說性空。

性空故。故曰法性。

諸法實性即是眞如。眞如性空。以眞如性現成諸法。法法全眞。良由眞如性空。故諸法性空。稱爲法性。

法性如是。故曰實相。

諸法之性全體眞如。眞如之相本自無相。法性如如。寂滅離相。故曰實相。

實相自無。非推之使無。故名本無。

實相乃眞如實體。今既隨緣成一切法。則法法皆眞。若觀法法全眞。則了無一法可當情者。斯則不待推測使無。則法本無也。萬法本無。又何有一毫可轉動哉。以此而觀諸法。則不遷之旨昭昭心目矣。上明不遷宗本。

言不有不無者此標不眞空宗本也。**不如有見常見之有。邪見斷見之無耳。**

此標立論所破之執也。不如。猶不比也。凡夫外道。定執諸法是實有。確執諸法爲斷滅之無。政在所破。但以不字破之。故曰不有不無。

若以有爲有。則以無爲無。

此出計也。若以諸法爲實有。則墮常見。若以諸法爲實無。則墮斷見。

夫不存無以觀法者。可謂識法實相矣。

此示正觀也。存無下應添一有字。言不存有無二見以觀法。可謂識法之實相矣。以有無二見。顚倒見也。

雖觀有而無所取相。然則法相爲無相之相。聖人之心爲住無所住矣。

此出觀益也。謂離有無二見以觀諸法。則法法寂然。故法雖有而不取相。不取法相。則當體如如。故相卽爲無相之相矣。諸相無相。寂滅性空。斯則所觀之境空。境空則心自寂。故聖人之心。爲無住之住。此心空也。心境俱空。於何不寂。

三乘等觀性空而得道也。性空者。謂諸法實相也。見法實相故云正觀。若其異者便爲邪觀。設二乘不見此理則顚倒也。

此約法以顯能觀之人也。三乘之人。同觀性空而得道果。然此諸法性空。卽是實相。能見諸法實相。方爲正觀。設使二乘不見此理。則同凡夫顚倒矣。

此單約諸法盡皆實相。二乘所見偏空。亦是實相性空。若不是實相性空。何以得證道果。意謂法一人異。故下難明。

是以三乘觀法無異。但心有大小爲差耳。

此明法一人異也。伏難。難曰。既三乘同見一法。何以證果有差。答曰。其實三乘觀法無異。但爲心有大小。故證果有差耳。足知法本是一。但人心大小有異。故所證果不同。以取不取相故耳。非法異也。正若三獸渡河。河本是一。但三獸大小不同。故所履淺深不一。斯乃獸三而河非三也。詳夫立論之意。蓋以不遷當俗。不眞當眞。二諦爲所觀之境。般若爲能觀之智。境智爲因。涅槃爲果。其三乘乃能修之人。故介宗本之中。良有以也。

漚和般若者。大慧之稱也。

此標般若無知宗本也。梵云漚和。此云方便。般若。此云智慧。以有方便之智。乃稱大慧。若無方便。但名孤慧。故所取偏空。非大慧也。前二論眞俗二諦。當所觀之境。今漚和般若。爲能觀之心。雙照二諦。不取有無。不墮二邊。故云大慧。

諸法實相。謂之般若。能不形證。漚和功也。適化衆生。謂之漚和。不染塵累。般若力也。

此釋大慧之義也。能見諸法實相。是謂般若。雖觀空而不取證。仍起方便度生之事。是仗漚和之功也。適化衆生。乃方便之事。雖涉生死。不被塵勞所累。全仗般若之力也。是以菩薩觀空而萬行沸騰。涉有而一道淸淨。淨名云。無方便慧縛。有方便慧解。無慧方便縛。有慧方便解。雙照二諦。不取有無

之相。故能出空入假

而無礙。故云大慧。

然則般若之門觀空。漚和之門涉有。涉有未始迷虛。故常處有而不染。不厭有而觀空。故觀空而不證。是謂一念之力權慧具矣。一念之力權慧具矣。好思歷然可解。

此重明不證不染之義也。以般若唯照空。漚和唯涉有。以涉有而不迷虛。是仗般若之力。故處有而不染。以不厭有而觀空。故觀空而不取證。是仗漚和之功也。斯則空有不異之二諦。權實不二之一心。同時雙照。存泯無礙。故曰一念之力權慧具矣。好思歷然可解者。勉其用心觀照分明。則心境歷然權實並顯當不勞而妙契矣。

泥洹盡諦者直結盡而已則生死永滅故謂盡耳無復別有一盡處耳。

此標涅槃無名宗本也言泥洹亦名涅槃稱爲盡諦者直是煩惱結盡而已所謂五住究盡故二死永亡是生死永滅名爲盡耳非復別有一盡處可歸亦非實有一名可稱也故曰涅槃無名四論所宗一心爲本謂不有不無之二諦以非知不知之觀照證不生不滅之一心因果冥會妙契環中宗本之義盡乎是矣

物不遷論第一

此論俗諦即眞爲所觀之境也。物者指所觀之萬法。不遷指諸法當體之實相。以常情妄見諸法。似有遷流。若以般若而觀。則頓見諸法實相。當體寂滅眞常。了無遷動之相。所謂無有一法可動轉者。以緣生性空。斯則法法當體本自不遷。非相遷而性不遷也。能見物物不遷。故即物即眞。眞則了無一法可當情者。以此觀俗。則俗即眞也。良由全理成事。事事皆眞。諸法實相。於是乎顯矣。論主宗維摩法華。深悟實相。以不遷當俗。即俗而眞。不遷之旨。昭然心目。

夫生死交謝。寒暑迭遷。有物流動。人之常情。余則謂之不然。

將明不遷。先立遷流之相。爲所觀之境。要在即遷以見不遷。非相遷而性不遷也。是由人迷謂之遷。

人悟即不遷。故曰人之常情。余則謂之不然。論主妙悟實相。故總斥之。法華云。不如三界見於三界。大火所燒。此土安隱。譬如恆河之水。人見為水。鬼見為火。迷悟之分。亦由是也。

何者。徵釋迷悟之由。放光云。法無去來。無動轉者。

引經立定宗體。此義引彼經第七卷中云。諸法不動搖。故諸法亦不去亦不來等。即法華云。是法住法位。世間相常住。蓋言諸法實相。當體如如。本無去來動轉之相。佛眼觀之。真空冥寂。凡夫妄見。故有遷流。不遷論旨。以此為宗。

尋夫不動之作。豈釋動以求靜。必求靜於諸動。

此依宗出體也。尋究不動之旨。蓋即動物以見真常。非捨動以求靜也。良由全理所成之事。法法皆眞當體常住。非於事外求理。故但言事不遷。不說理不遷也。以即事物以見不遷。故云必求靜於諸動。立論文義有四段。初約動靜以明境不遷。次約境以明物不遷。三約古今以明時不遷。四約時以明因果不遷。此初也。

必求靜於諸動。故雖動而常靜。不釋動以求靜。故雖靜而不離動。

此依體釋義也。必求靜於動。雖萬動陳前。心境湛然。故曰雖動常靜。苟不捨動求靜。故一道虛閒。雖應緣交錯。不失其會。如華嚴云。不離菩提場而徧一切處。所謂佛身充滿於法界。普現一切羣生前。隨緣赴感靡不周。而恆處此菩提座。不悟此理。難明動靜不二之旨。

然則動靜未始異。而惑者不同。緣使眞言滯於競辯。宗途屈於好異。所以靜躁之極未易言也。

此依義辯惑也。其實動靜一源。本來不二。故未始異。但迷者妄見不同。各執一端。眞言如所引不去來動轉等了義之談。以異見不同故使眞實之言滯於競辯而不通。使一乘眞宗不能伸暢返屈於好異之論。如所破心無本無廓然等皆不了實相而妄生異論。論者以此之故。所以靜躁之極致難與俗人言也。

何者。徵釋難言之所以。夫談眞則逆俗。順俗則違眞。違眞故迷性而莫返。逆俗故言淡而無味。

所以難言者。以法不應機。所謂高言不入於俚耳也。若談眞則逆俗人之耳。若順俗則違眞常之道。若眞常不明則迷者不能使之歸眞。若逆俗人之耳則言之出口淡而無味。此其所以難言也

緣使中人未分於存亡。下士撫掌而弗顧。

所以難言者。正爲根機之不同也。其順眞逆俗之言。若上根利智。聞而便信。故不失人。亦不失言。若使中根之人。則猶疑不决。故未分存亡。若下根聞之。則撫掌大笑而不顧矣。存亡撫掌二語出老子。中士聞道若存若亡。下士聞道大笑之。不笑不足以爲道。是知實相妙談。聞而信者實不易得。所以靜躁之極。未易言也。

近而不可知者。其唯物性乎。

此歎不唯信根之難。而眞常之法。其實難信難解也。以其觸目皆眞。目對之而不覺。可不哀歟

然不能自已。聊復寄心於動靜之際。豈曰必然。試論之曰。

此言作論之意。爲愍迷者。悲興於懷。不能自已。聊爾寄心於動靜之間。以明動靜不二之旨。以曉迷者。然非敢謂必然。但試論之耳。

道行云。諸法本無所從來。去亦無所至。中觀云。觀方知彼去。去者不至方。

此引經論。以定不遷宗極也。諸法當體寂滅。本自無生。從緣而生。故無所從來。緣散而滅。故去亦無

所至。如空中花無起滅故。中論但義引彼第二論破去來品云。去法去者去處皆相因待。不得言定有定無。是故決定知三法虛妄。空無所有。但有假名。如幻如化。大方無隅。本無定向。去者妄指。其實無方可至。如人往東。究竟不知以何爲東也。

斯皆卽動而求靜。以知物不遷明矣。

此下論物不遷也。經言法無來去。則觸目眞常。論云去不至方。則去而不去。斯皆卽動求靜之微意。證知物不遷明矣。

夫人之所謂動者。以昔物不至今。故曰動而非靜。如朱顏在昔。今已老耄。以謂流光遷謝。故曰動而非靜。我之所謂靜者。亦以昔物

不至今故曰靜而非動以我而觀朱顏自住在昔未嘗遷至於今故曰靜而非動
動而非靜以其不來人之以爲遷流者以少壯不來故以爲動靜而非動
以其不去我之所謂不遷者以少壯在昔不來今亦如老耄在今不至昔故以爲靜然則
所造未嘗異所見未嘗同同以昔物不來而見有動靜之不同逆之所
謂塞順之所謂通迷者以情逆理故塞悟者以理達事故通苟得其道復
何滯哉若悟眞常有何相可滯哉
傷夫人情之惑也久矣目對眞而莫覺
上逆順二言總申實相之境不異因人迷悟之不同故所見有乖此傷夫下正出迷情以觸目皆眞

但人迷不覺。
良可哀哉。

旣知往物而不來。而謂今物而可往。往物旣不來。今物何所往。

此總責迷倒也。旣知往物不來。則知昔住在昔而不來今。則可例知今物亦不至昔矣。此乃不遷之義也。卻謂今物可遷而往。豈不迷哉。

何則。求向物於向。於向未嘗無。責向物於今。於今未嘗有。於今未嘗有。以明物不來。於向未嘗無。故知物不去。覆而求今。今亦不往。是謂昔物自在昔。不從今以至昔。今物自在今。不從昔以至今。

此約今昔不相往來。正明不遷之義也。以向物自住在向而不來。卽今求向而不可得。返覆而觀。則知今自住今。而不至向。則不遷之義明矣。以其昔自住昔。今自住今。絕無往來之相。以此觀之。不遷之旨。昭然可見。論初引經論以無去來立定宗體。故返覆論之。

故仲尼曰。回也見新交臂非故。如此則物不相往來。明矣。

此引孔子之言。以證不遷之義也。義引莊子。仲尼謂顏回曰。吾與汝交一臂而失之。可不哀歟。意謂交臂之頃。已新新非故。蓋言迅速難留之如此也。論主引意要在迅速極處。乃見不遷之實。楞伽云。

一切法不生。我說刹那義。初生卽有滅。不爲愚者說。賢首解云。以刹那流轉必無自性。無自性故。卽是無生。若非無生。則無流轉。是故契無生者。方見刹那。淨名云。不生不滅是無常義。論主深悟實相。卽在生滅遷流法中。頓見不遷之實。故所引乃遷流之文。以明不遷之旨。非達無生意者。最難轉身吐氣也。

旣無往返之微朕。有何物而可動乎。

此結顯妙悟。不落常情也。後結文云。得意毫微雖速而不轉。言諸法湛然。無纖微朕兆來去之相。有何物而可動轉乎。詳其論意。雖云今昔之物本無去來。要見時無古今。平等一際。若達古今一際。則物自無往來。所謂處夢謂經年。覺乃須臾頃。故時雖無量。攝在一刹那。所謂枕上片時春夢間。行盡江南數千里。若以夢事而觀諸法。則時無古今。法無去來。昭然心目。纔入意地。便墮流轉。此非常情可到也。

然則旋嵐偃嶽而常靜。江河競注而不流。野馬飄鼓而不動。日月歷天而不周。復何怪哉。

此引迅速四事。以證卽物不遷。以成上無往返之微朕意也。旋嵐亦云毗嵐。乃壞劫之風。須彌爲之摧。故云偃嶽。野馬出莊子。乃澤中陽燄飄揚不停。且此四事常情見之。以爲遷流之極。若言不遷則以爲怪。以明眼觀之。本無遷流。復何怪哉。如初引經云。法無去來。無動轉者。正要卽動以見不遷。非指靜爲不遷也。靜已不遷。又何論之有。故論命題。乃以物物當體不遷。非言相遷而性不遷也。此不遷之旨。正顯諸法實相。非妙悟之士。誠不易見。上已備論不遷之旨。下引教會通。以釋前眞言滯於競辯。宗途屈於好異。靜躁之極。未易言。等文。要人離言會意。不可執言失旨也。

噫。聖人有言曰。人命逝速。速於川流。此言人命無常。意在密顯眞常。是以聲聞悟非常以成道。緣覺覺緣離以卽眞。二聖皆以聞無常而證果。苟萬動法也。而非化。化言生死無常也。豈尋化以階道。道涅槃果也。意謂若萬法不是無常。二乘聖人何以由聞無常而證聖果。覆尋聖言。微隱難測。返覆推尋聖人之言。雖說無常而意在密顯眞常。所以隱微難測。若動而靜。似去而留。聖人言雖動而意在顯靜。言似去而意實常住。所以靜躁之極。未易言。但可以神會。難以事相求之耳。若不達聖人立言之旨。不能離言得意。將謂實有生死去來之相。執言競辯。此則終不能悟不遷之妙。直須離言得體。方能契會本眞耳。

可以神會。難以事求。

謂滯相則迷眞。當契神於物表耳。

是以言去不必去。閑人之常想。稱住不必住。釋人之所謂往耳。豈曰去而可遣。住而可留也。

此釋聖言難測。教人離言體妙也。言去言往。乃生死法也。住。乃涅槃常住之果也。凡聖人言生死遷流。不是實有可去之相。但防閑凡夫執常之想耳。所稱涅槃常住。非是實有可住之相。但破二乘厭患生死之情耳。其實生死與涅槃。二俱不可得。豈曰定有生死可遣。實有涅槃可留也。下引證。

故成具云。菩薩處計常之中。而演非常之教。摩訶衍論云。諸法不動。無去來處。斯皆導達羣方。兩言一會。豈曰文殊而乖其致哉。

此明聖人言異而旨一。釋上生死涅槃二法皆空之義也。成具言菩薩以處凡夫計常之中。故說無常以破其執。非是實有生死之相。意在令人即無常以悟眞常。如大論云。諸法湛然常住不動。本無去來。意欲令人即羣動以悟不遷。而常與無常之言。皆導達羣方。隨類應機之談。言異而旨一。豈以殊文而乖其致哉。執言競辯。豈非惑耶。下釋兩言一會。

是以言常而不住。稱去而不遷。證無爲而不捨萬行。故常而不住。處生死而不起涅槃。不遷。故雖往而常靜。雖順萬化而不住。故去而不遷。一道湛然。故雖靜而常往。不起滅定而現諸威儀。雖靜而常往。故往而弗遷。以無心意而現行。故常往而弗遷。雖往而常靜。故靜而弗留矣。不住無爲。不捨有爲。故靜而不留。此釋兩言一會之義也。然則莊生之所以藏山。仲尼之所以臨川。斯皆感往者之難留。豈曰排今而可往。是以觀聖人心者。不同人之所見得也。

此引二氏之言。證明兩言一會之義也。莊子曰。藏舟於壑。藏山於澤。謂之固矣。有力者負之而趨。昧者不覺。藏天下於天下。則無所遯矣。此言舟山藏於壑澤。將謂之固然。被有力者負之而趨。則不能留。如今人熟睡舟中。順流而去。雖遷實不見其遷。意謂人未忘形合道。縱隱遯山林。寄形天地。然形骸亦被造化密移。而昧者不覺。以有所藏則有所遯。若形與道合。則無所藏。無藏則無遯。如藏天下於天下。則無所遯。此莊子意也。論語子在川上曰。逝者如斯夫。不捨晝夜。此歎道體無間。如川流之不息。此孔子意也。論主引文以證不遷。意取昧者不覺。則雖遷而不遷。不捨晝夜。則雖往而不往。故論釋之曰。斯二語者。但是感歎往者之難留。不是排今而可往。斯則言雖似遷而意實不遷。故誡之曰。觀聖人之心。不以常情執言害義。可謂之得矣。論主引遷流之文。而釋以不遷之義。結以不是排今可往。則重在今物自在今。不從昔以至今一語。爲不遷之準。要人目前當下直達不遷之旨。了無去來之相。求之言外。則妙旨昭然。

何者。人則謂少壯同體。百齡一質。徒知年往。不覺形隨。人雖同體一質。而有老少之不同。形容似有遷變。其實朱顏自隨住在昔少時。而不來。老耄自住在今。而不去。此不遷意也。是以梵志出家。白首而歸。隣人見之曰。昔人尚存乎。梵志曰。吾猶昔人。非昔人也。隣人皆愕然。非其言也。所謂有力者負之而趨。昧者不覺。其斯之謂歟。此引梵志之事。以釋雖遷而不遷。以明昧者不覺之義也。且梵志自少出家。白首而歸。隣人見之。謂昔人猶在。是以昔之朱顏爲今之老耄。梵志答曰。吾似昔人。非昔人也。意爲少壯自住在昔而不來。

豈可以今之老耄排去而至昔耶。此不遷之義明甚。但隣人不知。故愕然非其言。是昧者不覺之意也。予少讀此論。竊以前四不遷義。懷疑有年。因同妙師結冬蒲阪。重刻此論。校讀至此。恍然有悟。欣躍無極。因起坐禮佛。則身無起倒。揭簾出視。忽風吹庭樹。落葉飛空。則見葉葉不動。信乎旋嵐偃嶽而常靜也。及登廁去溺。則不見流相。歎曰。誠哉江河競注而不流也。於是回觀昔日法華世間相常住之疑。泮然冰釋矣。是知論旨幽微。非眞參實見。而欲以知見擬之。皆不免懷疑漠漠。吾友嘗有駁之者。意當必有自信之日也。

是以如來因羣情之所滯。則方言以辯惑。乘莫二之眞心。吐不一之殊教。乖而不可異者。其唯聖言乎。

此總結聖人言異而心不異也。諸佛出世。本來無法可說。但因羣生所執之情。故隨類設言以辯惑。破其執耳。所乘乃不二之眞心。其言乃不一之殊教。其說雖乖。而心實不可異者。其唯聖言乎。隱微難測。正在於此。

故談眞有不遷之稱。導俗有流動之說。雖復千途異唱。會歸同致矣。

此釋乖而不異之義也。謂談眞有不遷之稱。而意在攝俗。導俗有流動之說。而意在返眞。是以千途異唱。會歸同致。此所以乖而不可異也。

而徵文者聞不遷。則謂昔物不至今。聆流動者。而謂今物可至昔既曰古今而欲遷之者何也。

此出迷者執言失旨也。徵文。謂但取信於文言者。隨語生解。聞不遷則謂昔物不至今。似爲得旨。及聆流動文謂今物可至昔既曰古今。則古自往古。今自往今。而欲遷今至古者何耶。此責執言之失也。以古不來則易見。言今不至昔最難明。論主直以現今當下不遷至昔立定主意。要人目前頓見不遷之實。了悟諸法實相。爲論之宗極。

是以言往不必往。古今常存。以其不動。稱去不必去。謂不從今至古。以其不來。

此下正破迷執也。上論物不遷。此論時不遷。凡言往不必作往往解。古今常存者。以其不動也。凡稱去不必作去解。謂不從今至古者。以古不來今也。

不來。故不馳騁於古今。不動。故各性住於一世。

此結歸宗體也。以其不來不去。了無三際之相。故不馳騁於古今。不動不靜。平等一如。故各性住於一世。

然則羣籍殊文。百家異說。苟得其會。豈殊文之能惑哉。

此顯忘言會旨也。雖則千經萬論。殊文異說。苟得法界宗通。則會歸一眞之境。豈被文言之所惑哉。

是以人之所謂住。我則言其去。人之所謂去。我則言其住。然則去住雖殊。其致一也。故經云。正言似反。誰當信者。斯言有由矣。

此顯迷悟一源也。人之所謂住者。乃妄執爲常。且執常則墮無常矣。故我言去以破其執者意在無住。非謂往也。今之所謂去者。乃執生死無常也。我則言其住以破其執意在本無生死。非謂住而可留也。是則去住二言。無非破執之談。以顯一眞常住。故言殊而致一。正若老氏所云正言似反。誰當信者。斯言有由矣。此言迷悟不出一眞。是非本無二致。正見現前。則不隨言取義也。

何者。此徵顯古今不遷要卽迷返悟也。人則求古於今。謂其不住。人於今中求古而不可得。則計以爲遷。此迷也。吾則求今於古。知其不去。我求今於古中而不可得則知今不去此悟也今若至古古應有今古若至今今應有古若今古果有往來則當互有其跡今而無古以知不來古而無今以知不去此正示不遷義也以今中無古則知古不來古中無今則知今不去既無來去則前後際斷又何遷之有若古不至今今亦不至古古今不相到事各性住於一世有何物而可去來若悟古今一際則了法法眞常經云是法住法位世間相常住此則事各性住於一世有何物而可去來哉然則四象風馳

璇璣電捲得意毫微雖速而不轉

此結歸妙悟也四象乃日月星辰新疏指四時璇璣舊爲北斗二星名今意爲斗樞皆旋轉不停如

電捲之速也。苟悟不遷之理於毫微，則雖速而不轉。若法界圓明，則十方湛然寂滅矣。前一往皆論迷見遷流，故故爲凡。此下論悟則不遷，是爲聖。

是以如來功流萬世而常存，道通百劫而彌固。

此下言悟之爲聖，故常住不朽，以明因果不遷也。功流萬世，則利他之行常存；道通百劫，自利之行益固。雖萬世百劫，時似有遷，而二行不朽，不遷之實也。

成山假就於始簣，修途託至於初步，果以功業不可朽故也。

此引二氏之言，以證因果不遷之義也。論語云：譬如爲山，雖覆一簣，進吾進也。老子云：千里之行始於足下。二語皆譬資始成終之意。爲山萬仞。假一簣以成功。山成而初簣不廢。如行千里。始於發足一步。行至而初步不移。故功成至聖。行滿不異於初心。所謂發心畢竟二無別。從因至果而行行不遷。淨名云。所作之業亦不忘。不忘則不朽。善惡皆然。此論聖功也。

功業不可朽。故雖在昔而不化。不化故不遷。不遷故則湛然明矣。故經云。三災彌綸而行業湛然。信其言也。

此以不朽釋不遷意。所言功業不朽者。以昔因不化。由不化故不遷。不遷故知因果湛然平等一際明矣。引經證成。彌綸充滿之義。言三災壞劫乃遷之極也。而行業湛然不動不壞。所謂大火所燒時。

我此土安隱，則極遷極不遷言可徵矣。

何者。果不俱因，因因而果。因因而果，因不昔滅。果不俱因，因不來。今不滅不來，則不遷之致明矣。復何惑於去留，踟躕於動靜之間哉。

此總結歸因果不遷，以終一論之義也。何者，徵明因果不遷之意。果不俱因，言因果終始不同遷也。因因而果，果成而因不滅，不遷也。果不俱因而昔因不來，不來則昔自住昔，雖遷而不遷也。以不滅不來則不遷之理明矣。又何惑於去留之相，踟躕於動靜之間哉。踟躕乃卻顧不進之意，猶豫不決之謂也。既明不遷之理，又何惑於去來之時。懷疑於動靜之境哉。一論大義結歸於此。

然則乾坤倒覆無謂不靜。洪流滔天無謂其動。苟能契神於即物。斯不遠而可知矣。

此結責勸修也。謂既明不遷之理。則旋乾倒嶽勿謂不靜。洪流滔天勿謂其動。此責也。下勸修。若能契悟於即物。見真之境。則觸目無非實相常住。一切萬法無有一毫可動轉者。斯則不必遠求。而當下可知矣。

物不遷論　終

予少讀肇論。於不遷之旨茫無歸宿。每以旋嵐等四句致疑。及後有省處。則信知肇公深悟實相者。及閱華嚴大疏。至問明品。譬如河中水湍流競奔逝。清涼大師引肇公不遷偈證之。蓋推其所見妙契佛義也。予嘗與友人言之。其友殊不許可。反以肇公爲一見外道。廣引教義以駁之。卽法門老宿如雲棲紫柏諸大老皆力爭之。竟未迴其說。予閱正法眼藏佛鑑和尚示衆舉僧問趙州如何是不遷義。州以兩手作流水勢。其僧有省。又僧問法眼。不取於相如如不動。如何不取於相見於不動去。法眼云。日出東方夜落西。其僧亦有省。若也於此見得。方知道旋嵐偃嶽本來常靜。江河競注元自不流。其或未然。不免更爲饒舌。天左旋地右轉。古往今來經幾徧。金烏飛玉兔走。纔方出海門又落青山後。江河波渺渺。淮濟浪悠悠。直入滄溟晝夜流。遂高聲云。諸禪德還見如如不動麼。然趙州法眼皆禪門老宿將傳佛心印之大老。佛鑑推之示衆發揚不遷之旨。如白日麗天。殊非守教義文字之師可望崖者。是可以肇公爲外道見乎。書此以示學者。則於物不遷義當自信於言外矣。

肇論略注卷二

明匡山沙門憨山釋德清述

不眞空論第二

此論眞空不空以爲所觀眞諦之境也不眞有二義一有爲之法緣生故假假而不實其體本空此俗諦不眞故空名不眞空眞性緣起成一切法體非斷滅不是實實的空名不眞空有是假有爲妙有空非斷空爲妙空此則非有非空爲中道第一義諦以妙空破心無論本無論二宗以妙有破卽色遊玄論一宗卽命題一語曲盡眞諦之妙妙契中道之旨非玄鑑幽靈何以至此

夫至虛無生者指中道第一義諦非思量分別境界蓋是般若玄鑑之

妙趣有物之宗極者也。般若實智照理。故曰玄鑑。中道爲實智所歸。故曰妙趣。此則空而不空。有物以中道爲宗極。故有而不有。非空非有。妙盡中道。此標宗立體。下依宗辨相。自非聖明特達。何能契神於有無之間哉。上言所觀之境。此言能觀之人。中道妙理。唯聖乃證。故曰自非聖明有獨達之智。何能契悟於二而不二之間哉。是以至人通神心於無窮。窮所不能滯。極耳目於視聽。聲色所不能制者。豈不以其卽萬物之自虛。故物不能累其神明者也。

此釋上不滯二邊之所以也。神心謂實智內照。卽玄鑑。無窮謂中道。卽妙趣。窮不能滯。謂不墮斷空。

此釋上半句謂不滯空下釋次半句不滯有極耳下謂權智外應耳目聲色乃有物極謂宗極由權智外應而不動本際故處有而不爲所制聖能如此者豈不以卽萬物之自虛故物不能累其神明哉由萬物自體本虛故卽有以觀空故物物皆眞與智冥一故不能累其神明也

是以聖人乘眞心而理順則無滯而不通此承上不滯二邊以明妙契中道之所以也理調也聖人乘一眞之心而調順萬物則物物皆眞無一法可當情故無滯不通

審一氣以觀化故所遇而順適審猶處也一氣猶一眞化謂萬法以審處一眞之心以觀萬法則法法皆眞萬物皆己故所遇順適

無滯而不通故能混雜致淆混謂混融雜謂異類淆謂一眞由法法皆眞故衆生如也衆生本如故能混融異類則終日度

生不見生之可度乎等寂滅故一一這眞所遇而順適故則觸物而一以所遇皆眞故觸事而眞故物物歸一如此則萬象雖殊而不能自異此結顯一源良由心境一如故萬法皆如故不能自異不能自異故知象非眞象象非眞象故則雖象而非象由心境不異則萬法皆空故象非眞象諸相寂滅則無法當情故雖象而非象矣然則物我同根物謂境我謂心同根謂心境一如釋上觀智俱泯心境兩忘是非一氣是謂眞諦非謂俗諦一氣謂眞俗不二妙契中道潛微幽隱如此境智俱忘眞俗絕待最爲深潛微密幽隱之境界唯聖能證能知殆殊也非羣情之所盡如上所云殊非淺智劣解者所能盡也故頃爾談論至於

虛宗。每有不同。夫以不同而適同。有何物而可同哉。

故衆論競作而性莫同焉。

此下敘異見皆在所破。以申作論之懷也。虛宗。卽下所引三宗各立異見。故每有不同。夫凡立論蓋爲顯理。今以不同之見。以適大同之理。有何法而可同哉。由各騁己見競論虛宗所見不一。故論旨不同。要歸至理。則畢竟難同。故不得已造此論以破之。

何則。徵起衆論。心無者。先敘破晉道恆心無宗。無心於萬物。萬物未嘗無。此敘異計也。言心無者謂但無心趨附於萬物。未達物虛。故萬物未嘗無。此得在於神靜。失在於物虛。

此出得失也。以心不附物，則不被外境搖動，故得在於神靜。以不了萬物緣生性空，故失在於物虛。以心空境有。非中道也。

卽色者。次破晉道林造卽色遊玄論，爲卽色宗。**明色不自色，故雖色而非色也。**此敘計也。謂青黃等色，不自爲色，但因人名之爲色。心若不計，則雖色而非色矣。

夫言色者，但當色卽色，豈待色色而後爲色哉。此直語色不自色，未領色之非色也。

此敘破也。夫凡言色者，但當在色本就是色，豈待人名彼青黃，然後爲色哉。此直下言得失，此但言色不自色而已，未了色體本空也。以唯知依他起名假，不知圓成體眞，故非正論。

本無者。此破晉竺法汰本無宗。情尙於無。多觸言以賓無。故非有有卽無。非無無亦無。此敘計也。此以情好尙於無。故觸事發言。皆賓伏於無。故言非有則計有亦無也。及言非無則計無亦無也。有無俱無。將謂虛玄。不知墮於斷見。未明正理。故非正論。尋夫立文之本旨者。直以非有非眞有。非無非眞無耳。此出正理也。詳夫聖人立言之本意。但以非有者。顯物非實有。言非無者。顯無非絕無也。何必非有無此有。非無無彼無。此直好無之談。豈謂順通事實卽物之情哉。

何必下。斥異見也。然非有非無。但是有非實有。無非實無。又何必執計非有爲絕無此有。非無謂絕無彼無無哉。然雖有無俱無。似爲玄妙。此直好無之談。未達正理。豈是順通事物之實性。以達卽物明眞之旨哉。上敘破計。下敘立論正義。

夫以物物二物字。謂以名名物。**於物**此物字所名之物。**則所物**此物字。謂所名。**而可物**此物字乃所名之物。**以物物**二物字亦是以名名物。**非物**此物字亦指所名之物。言非物。如龜毛兔角等。**故雖物而非物**言雖有其名。無實物可得。**是以物不卽名而就實。名不卽物而履眞。**

將以名言論眞諦。惟眞諦非名言可及。故發論之初。先以名物以啟端。謂以名名於有相之物。則有物可指。若以名名於非物。然非物乃無相之物。如呼龜毛兔角等。此則但有虛名。其實無物以當其名。故曰雖物而非物。由是觀之。如說火談冰。豈有寒熱於齒頰此物不卽名以就實也。如呼龜毛兎角。豈有毛角以應求。此名不卽物而履眞。謂不就所呼而得實物也。是知名不就實。則有相之物皆假名。物不履眞。則無狀之體但虛稱密嚴云世間衆色法。但相無有餘。唯依相立名是名無實事。物尚如此。況眞諦無相。豈名言之可及乎。故下云。

然則眞諦獨靜於名教之外。豈曰文言之能辨哉。然不能杜默。聊復厝言以擬之。試論之曰。

眞諦寂寥空廓。思議之所不及。離相離名。象數所不能詮。逈出常情。故曰獨靜於名教之外。如此。豈語言文字所能辯哉。今爲破迷執以顯正理。故不能杜口緘默。聊復厝置其言以擬議之。略試論之耳。上敘意。

下正論。

摩訶衍論云。諸法亦非有相。亦非無相。中論云。諸法不有不無者。第一眞諦也。

此引敎定宗也。言諸法非有非無者。先立中道諦體也。言不有者。即俗諦不有也。不無者。眞諦不無也。以俗諦假有不眞故空。眞諦緣生故不是實。實斷空。故題稱不眞空。含有二義。此遮二邊以顯中也。故立論之初。引此二論以定綱宗。發明中道第一義諦。不屬有無二邊也。下依宗斥邪。

尋夫不有不無者。豈謂滌除萬物。杜塞視聽。寂寥虛豁。然後爲眞諦者乎此斥邪謬先破本無一宗也以本無宗義謂非有有亦無非無無亦無有無俱絕不達緣生千化之有故墮斷空以此斷空絕無一法故云滌除萬物聞見俱泯故云杜塞視聽古人呼此爲豁達空故云寂寥虛豁意謂不有不無者蓋是雙非二邊以顯中道第一義諦豈以豁達斷空爲眞諦乎古德云寧起有見如須彌山不起無見如芥子許永嘉云豁達空撥因果莽莽蕩蕩招殃禍以此一宗爲害甚巨衆聖所呵正在所破故論開端卽痛斥之急欲令人發起大乘正信也下顯正義

誠以卽物順通故物莫之逆此顯正義言非有者在卽物以順通其理故物物順理而不逆是爲非有**卽僞卽眞故性莫之易**言諸法緣生虛假故卽假卽眞不必改易然後爲眞若改易求眞是爲析色非眞空也故爲非無**性莫之易故雖無**

而有。不是實無。物莫之逆。故雖有而無。不是實有。雖有而無。所謂非有。結以不真故空。雖無而有。所謂非無。結不是實空。如此則非無物也。言非是絕無。正破所執。物非真物。但物非真物耳。正出論義。物非真物。非真。即題稱不真。故於何而可物。不可物。即題稱空義。反覆論議非有非無。以釋成不真空義。以破本無之妄計也。蓋即有以明空。是謂妙空。即空以明有。是謂妙有。不真一語盡大乘空義。真諦之理。妙極於斯。

故經云。色之性空。非色敗空。以明夫聖人之於物也。即萬物之自虛。豈待宰割以求通哉。

此下依宗廣辨以明二諦無雙以顯中道第一義諦也文有三段初色空不二次眞俗不二三有無不二今初色性自空在色卽是空非色敗爲空此正顯色空不二也是故聖人卽萬法以見性空以萬法本性自空故不待宰割分析然後爲空也彼計本無者豈不淪於斷滅耶

是以寢疾有不眞之談超日有卽虛之稱然則三藏殊文統之者一也。

此引二經以證色空不二之義也淨名云菩薩病者非眞非有超日明三昧經云不有受不保命四大虛也非但二經明色性空義卽三藏殊文皆顯色空不二之旨故曰統之者一也。

故放光云第一眞諦無成無得世俗諦故便有成有

得。

次明眞俗不二也。先引經約成得以定二諦。以眞諦離緣故無成得。俗諦緣生故有成得。

夫有得卽是無得之僞號。無得卽是有得之眞名。

此約眞僞以分眞俗。以眞俗諦緣生故假故曰僞號。從無住本立一切法。故無得是有得眞名。

眞名故雖眞而非有。僞號故雖僞而非無。

此下約雙非以明不二。先出所以。良由有依眞立。故有而非有。眞自隨緣故無而不無。

是以言眞未嘗有。以物卽眞。故未嘗有。言僞未嘗無。隨緣建立故不無。

二言未始一。二理未始殊。言異而旨一。故經云。眞諦俗諦

謂有異耶答曰無異也（正顯不二）此經直辯眞諦以明非有俗諦以明非無豈以諦二而二於物哉

放光已下通明眞俗不二之旨也物指中道理古德云二諦並非雙言單未曾各宗門謂一雙孤鴈搏地高飛一對鴛鴦池邊獨立曹洞賓主五位正偏兼帶照用同時雖發明向上實顯理事混融眞俗不二之旨苟悟卽眞自然得大機用矣

然則萬物果有其所以不有有其所以不無

此下三辨有無不二也此以二語徵起果實也謂萬物果有其不有果有其不無耶且徵定下四句釋也

有其所以不有。故雖有而非有。有其所以不無。故雖無而非無。

釋不有不無義也。謂果有眞空。則幻有是假。故雖有而不有。果有妙有。則無非斷滅。故雖無不無。故下成正義。

雖無而非無。無者不絕虛。非豁達斷空。雖有而非有。有者非眞有。謂是緣生假有。故非實有。若有不卽眞。謂不實有。無不夷跡。然則有無稱異。其致一也。

此結成有無。總顯不二之義也。謂若有不是實有。當卽有以觀無。則無非實無。不必芟夷其跡。然後

爲無也。若芟夷其跡則爲析色若絕無則墮斷滅
以眞諦之理。本非有無故稱異而致一也。上顯眞
俗不二。下引經斥迷以攝歸眞。

故童子歎曰。說法不有亦不無以因緣故諸法生。

引經證成。攝歸眞諦非有非無也。楞嚴云眞性有
爲空。緣生故如幻無爲無起滅。不實如空華。以從
因緣故非有無。

瓔珞經云。轉法輪者。亦非有轉。亦非無轉。是謂轉無
所轉。此乃衆經之微言也。

良以說法非有非無故法輪轉無所轉。諸大乘經
唯明此理。而人不達妄執定有定無故下斥破。

何者。謂物無耶、則邪見非惑。謂物有耶、則常見爲得。將斥迷謬、先縱顯俱非也。謂法果實無、則執斷之邪見非惑矣。若法果實有、則執常者爲得矣。以物非無。故邪見爲惑。此正破本無心無二宗、以物非有。故常見不得。此破即色一宗。然則非有非無者、信眞諦之談也。斥破迷謬、以攝歸眞諦也。上約三種不一、反覆覈論非有非無、以祛迷執。苟契雙非、不墮二邊、則眞諦自顯矣。

故道行云、心亦不有亦不無。中觀云、物從因緣故不有、緣起故不無。尋理即其然矣。

此下至顯於茲矣一段正顯不眞空義初引道行立義次引中觀約緣生無性以明不眞論云因緣所生法我說卽是空亦名爲假名亦名中道義以從緣生是假故不有既從緣起則本不有而今有之故云不無由假故不眞爲空以緣起故不實無故不是眞空

所以然者此下辨非有無夫有若眞實也有有自一向常有豈待緣會聚而後有哉譬彼眞無無自常無豈待緣而後無也若有不自有待緣而後有者故知有非眞實也有有非眞實也有雖有不可謂之有矣上釋非有不無者夫無則湛凝也然不動變也可許也謂之無萬物若無則不應起起

則非無以明緣起故不無也。

此約因緣以明非有非無也。謂若有是實有則一向自有不待緣會而後有矣。譬彼眞無亦不待緣。今既待緣生則非實有矣。若無則湛然不動。可謂之無湛然者以始教相宗不許眞如隨緣謂凝然不變。故論主出此文以破執無之見。意謂眞如既已隨緣成一切法則非凝然不變矣。以眞如有不變隨緣隨緣不變二義。下引論證成。

故摩訶衍論云。一切諸法。一切因緣故應有。一切諸法。一切因緣故不應有。一切無法。一切因緣故應有。一切有法。一切因緣故不應有。下斥異見尋此有無之言。

豈直反論而已哉。

此引大論重釋因緣義也。謂諸法既屬因緣。則本非有無。是知無屬因緣。則非斷無。有屬因緣。則非實有。尋思此言。豈但相反之論而已哉。其意特顯諸法非有非無義也。良以佛說因緣二字。破盡外道斷常之疑。故論宗此以斥異見

若應有。卽是有。不應言無。若應無。卽是無。不應言有。

此言中相反意。謂法應是實有。則不當言無。若應是實無。則不當言有。今言非有非無者。正以假而非眞。故言非有非無耳。下釋異同。

言有是爲假有以明非無。借無以辨非有。此事一稱

二其文有似不同苟領其所同則無異而不同。

此釋異同以明不二也今言有無者但是假借有無以明非無非有耳非實有有無作實法也其實一體但稱說似有不同苟能領會一眞之理則萬法唯眞無異而不同也下顯不眞空義。

然則萬法果有其所以不有不可得而有有其所以不無不可得而無。

此辨雙非以顯不眞空義也謂萬法實不有豈可强執爲有耶諸法果不無豈可强執爲無耶故不可定執爲有爲無也

何則徵釋雙非欲言其有有非眞實也生。欲言其無事象既

形象形不卽無非眞非實有然則不眞空義顯於茲矣

此顯雙非結歸不眞空義以呈觀體也若言實有則緣會而生本自無生故非眞實生也若言實無則緣起卽形隨緣成事則非實無也二者皆非眞實故題稱曰不眞空義顯於茲良以不眞故空故非實有絕無也前約緣生無性以明不眞竟下約名實無當以明不眞

故放光云諸法假號不眞譬如幻化人非無幻化人幻化人非眞人也

此引經證成不眞義也彼經二十七云須菩提名字者不眞假號爲名以假故不眞謂但非實有非

絕無也。故如幻化人。非無幻化人。但非眞人耳。

夫以名求物。物無當名之實。以物求名。名無得物之功。

此以假名釋非有非無也。以名求物。如呼木賊地龍等物。豈有眞賊眞龍。以當其名耶。以物求名。如召火呼冰。豈實有寒熱。以及齒頰耶。足知名實無當。

物無當名之實。非物也。名無得物之功。非名也。是以名不當實。實不當名。名實無當。萬物安在。

名實無當。則名相元虛。求物而不可得。則妄想不有。此心境兩空。眞俗不立。中道之旨。於是乎顯矣。

下斥迷返悟。

故中觀云。物無彼此。而人以此爲此。以彼爲彼。彼亦以此爲彼。以彼爲此。

中論第四云。諸法實相。無有彼此。意顯法本一眞。元無彼此。由人妄執。故起是非。三祖云。良由取捨。所以不如。

此彼莫定乎一名。而惑者懷必然之志。然則彼此初非有。惑者初非無。

此出迷者雙執也。如兩人東西對立。同觀一標。東者謂在西。而西者謂在東。然標實無東西。迷人妄

執爲必然此惑之甚也故彼此未始有惑者未始無由是觀之諸法本無而迷者妄執爲定有定無

正此意也

既悟彼此之非有有何物彼此而可有執也哉故知萬物非眞假號久矣

此言悟則是非兩忘自離有無之執也既悟物無彼此則知法非有無但有假名元無實義

是以成具立強名之文園林託指馬之況如此則深遠之言於何而不在

此引內外微言以結屬忘言之妙也成具云諸法無所有強爲其名園林即漆園莊周嘗爲此吏故

以地指人也指馬之喻齊物論云以指喻指之非指不若以非指喻指之非指以馬喻馬之非馬不若以非馬喻馬之非馬天地一指也萬物一馬也意謂物論之不齊者蓋由人之各執是非之見也以指喻指等者謂人以己之初指喻彼之次指爲非同己之指以爲必然若易而觀之則彼之執次指者又以己之初指爲非矣馬即雙陸之馬戲籌也意亦如指意謂指馬本無是非而人妄執彼此爲必然豈非惑耶以譬諸法實相豈有自他而人迷執爲有無亦猶是也苟能忘言契理則彼此情忘是非齊泯有何法可當情乎成具則妄想元空園林則是非無主故曰深遠之言於何而不在

是以聖人乘千化而不變履萬惑而常通者以其即萬物之自虛不假虛而虛物也故經云甚奇世尊不

動眞際爲諸法立處。非離眞而立處。立處卽眞也。

此結歸中道第一義諦也。以聖人證窮眞諦。故異類分身而不動眞際。故千化不變。入衆生界而不被煩惱所礙。故萬惑常通。以其萬法卽眞。故不假分析而後爲虛也。故引經證成。由不動眞際而建立諸法。故立處卽眞。

然則道遠乎哉。觸事而眞。聖遠乎哉。體之卽神。

此結歸一心。以明聖人之實證也。初云目對眞而不覺。以道在目前。故不遠。以不覺則迷之爲凡。悟則爲聖。是知了悟實相常住。則頓超生死。永證無爲。故曰體之卽神。不假外也。

不眞空論　終

肇論略注卷三

明匡山沙門憨山釋德清述

般若無知論第三

般若者。此云智慧。乃諸佛妙契法身之實智也。經云。諸佛智慧。甚深無量。卽此名爲根本智。法界幽玄。非此莫鑒。故稱本智。然三乘同秉此智爲因。但心有大小不同。故唯佛爲極。以前不遷不眞二論。以顯眞俗不二之眞諦。爲所觀之境。今此般若爲能觀之智。謂以無知之般若。照不二之中道。以此爲因。將證不生不滅之涅槃爲果。故次來也。然般若唯一。其用有三。一實相般若。以般若乃諸法之實相故。二觀照般若。卽中道妙心之實智。照中道之妙理。理智冥一。平等如一。故理事雙彰。權實並題是爲因心果德故名二智三文字般若以諸佛言教乃般若所流故一一文字能顯總持要即文字以明般若此般若義也無知者有二義一離妄謂本無惑取之知二顯眞有三義一本覺離念靈知獨照知即無知二始覺無知謂窮幽亡鑒撫會無慮故無對待之知三文字性空非知不知然雖三義蓋以眞諦無相亡知絕鑒照體獨立正無知義也什師初譯大品論主宗之以造此論以呈什師師曰吾解不謝子文當相揖耳後傳至匡山劉遺民以呈遠公公歎曰未曾有也當時見者靡不服膺

夫般若虛玄者蓋是三乘之宗極也誠眞一之無差

此標宗極也虛玄正顯無知以幽靈絕待故謂之虛亡知絕照故謂之玄三乘同稟此智但以取不

取知無知之差。所謂心有大小耳。其實所宗
以此爲極。所謂不二眞心。故曰眞一無差。
然異端之論紛然久矣。
此述造論之本意也。語曰。予豈好辯哉。不得已也。
故造論之意。本爲摧伏邪見。以正智未明。不得不
爲之
論耳。
有天竺沙門鳩摩羅什者。少踐大方。研機斯趣。獨拔
於言象之表。妙契於希夷之境。
此出師承有本也。梵語鳩摩羅什。此云童壽。以童
年而有耆德。故有此名。師本龜茲國王之甥。以其
父鳩摩羅炎。本天竺人。今從本稱。天竺亦云身毒。
亦名印土。有五。乃婆羅門所居。佛出其中。大方指

般若。什師學本生知。年方二十。即爲國王講般若經論。故云少踐大方。妙悟玄猷。故曰研機斯趣。以般若離言。故拔言象之表。離相離名。非見聞所及。故曰妙契。希夷之境。希夷二字。出老子。言妙悟超卓。今翻譯大品。論主親承稟受。妙契玄旨。故造斯論。

齊異學於迦夷。

齊。集也。猶齊物之齊。迦夷。亦名迦維。乃佛生之國。佛滅度後。異學紛然。什師名播五天。彼多宗仰。故云集也。

揚淳風於東扇。將爰燭殊方而匿耀涼土者。所以道不虛應。應必有由矣。

此敘什師入中國之由也。此時道安法師名震當代。秦主苻堅以師尊之稱爲聖人。安曰。貧道非聖。聞龜茲國有羅什者眞聖人也。堅聞之欣慕不已。乃遣大將軍呂光率鐵甲兵十萬伐龜茲以迎師。光將兵至國。圍其都城。王致辭曰。下國與大秦遼遠。俗不相及。何以見伐。光曰。大秦天王所以命師伐王之國者。非爲土地之利也。因聞王國有聖人鳩摩什。將迎歸供奉耳。非別有所圖也。王曰。什乃了國之寶也。安肯棄之。餘則唯命是聽。遂堅壁。光圍久之。王城益急。什請曰。豈以貧道一人之故。而舉國受困。非利也。願請以行。王不聽。什曰會當歸耳。王無已。遂遣師同光行。是謂揚湑風於東扇也。光至涼。聞姚萇弑堅自立國號後秦。光亦據涼自王。國號西涼。時什師未及入秦。遂居於涼。光無良多困辱師。無以自見。故曰將爰燭殊方而未顯。留滯於涼。故曰匿耀涼土。以既來而致困。其道不行。

故曰道不虛應
應必有由矣

弘始三年歲次星紀秦乘入國之謀舉師以來之意也北天之運數其然也

此敘什師得時行道之由也姚萇弒堅在位八年而什師亦被困於涼偶堅領鬼兵入宮刺萇中陰出血石餘而崩子興嗣立降帝號而稱天王意蓋宗尊周制也改元弘始丑月爲星紀以月紀年也什師在涼十一年矣時因殿庭生連理樹逍遙園葱變成茝咸謂智人入國之瑞知師在涼秦主乃遣姚碩德伐涼光已薨其子呂隆嗣立兵至大敗之隆即降遂表奉師至秦秦主深禮重焉故曰秦乘入國之謀舉師以來之大品云般若於佛滅後先至南方次至西方次至北方大盛於震旦震旦在

天竺東北故曰北天之運數其然也謂法運時數當其然耳

大秦天王者道契百王之端德洽千載之下游刃萬機弘道終日信季俗蒼生之所天釋迦遺法之所仗也

此敘明時什師行道之會也天王乃興自稱故時並尊之百王指堯舜以下端謂百王首以無為為治也洽霑潤也意稱弘法之德流潤千載之下也游刃語出莊子庖丁解牛游刃其閒恢恢乎有餘地此稱秦主才智有餘雖萬機叢錯迎刃而解恢有餘地故不妨弘道終日也謂此聖主信為末法蒼生之所天蒼生猶言赤子天稱父母為天謂養育羣生如一子也佛臨滅時將佛法付囑國王大

臣非仗大力外護法難久住故爲遺法之所仗也上敘弘法之主下敘弘法之事

時乃集義學沙門五百餘人於逍遥觀躬執秦文與什公參定方等其所開拓者豈謂當時之益乃累劫之津梁矣

此敘秦主弘法之事也逍遥觀乃秦主游宴之所什師至國遂延於此中以譯諸經後因秦主賜什宮人乃別搆草堂以居之卽今之草堂寺什師宣梵秦主親執文對譯方等諸經乃所譯也開拓如開疆拓土以佛法初開荒邈不唯以益當時實爲累劫之津梁也

余以短乏曾廁嘉會以爲上聞異要始於時也

此論主自敍聞法之時也。短乏之謙辭。謂才短德乏。濫廁嘉會。上聞般若玄旨異常心要始於此時也。

上敍來義。

下顯正宗。

然則聖智幽微深隱難測。無相無名。乃非言象之所得。為試罔象其懷寄之狂言耳。豈曰聖心而可辨哉。

試論之曰。

正宗之初。據理出意。將欲制論。先示般若玄旨。非言論可及也。經云。諸佛智慧甚深無量。其智慧門難解難入。一切聲聞辟支佛所不能知。不退菩薩亦不能測。故曰聖智幽微深隱難測。般若之體。離相離名。豈言象之所得哉。今欲論之。試罔象其懷。寄之狂言耳。罔象語出莊子。黃帝遺其玄珠。使智索之而不得。使罔象索而得之。謂虛無其懷。乃可與智相應也。狂言亦出莊子。謂大而無當之言。蓋謙辭也。意謂試以狂言擬之。非敢謂聖心可辨也。

放光云。般若無所有相。無生滅相。道行云。般若無所知無所見。

此引二經以定宗也。放光。卽大品也。兩譯文異。二十卷云。般若無所有相。第十五云。般若波羅密。不生不滅相。道行第一云。般若當從何說。菩薩都不可得見。亦不可知。此約義引也。以般若體絕諸相。故云無所有相。寂滅湛然。故云無生滅相。眞知獨照。故無所知。絕諸對待。故無所見。般若如此。豈名言之可到哉。

下依宗辨用。

此辨智照之用。而曰無相無知者何耶。果有無相之知。不知之照明矣。

此徵顯般若實相之體。以爲發論之端也。此者指上引二經。乃辨智照之用。既有智有用則應有相有知可也。而云無相無知者何耶。由是觀之。實有離相之知。亡知之照明矣。但非心識思量可及也。

何者徵顯上義夫有所知則有所不知。此凡情也以聖心無知。故無所不知。不知之知。乃曰一切知。故經云。聖心無所知。無所不知。信矣。

此徵明無知之義也。約理而推。夫有所知之境。則滯於一緣。則有不知之地。此心境未泯。對待未忘。

乃凡情也擬之聖心則不然以聖心虛靈絕待境智雙忘能所俱絕是為無知以無知之知光明徧照故無所不知以不知之知故曰一切知故思益經云聖心無所知無所不知信矣由無所知故無所不知耳豈有心之知而可及哉

是以聖人虛其心而實其照終日知而未嘗知也故能默耀韜光虛心玄鑒閉智塞聰而獨覺冥冥者矣

此釋聖心無知之所以也以聖人惑無不盡故虛其心眞無不窮故實其照此實智內證也由內證之實故權智外應則終日知而未嘗有其知也由其體用雙彰權實並運故能默耀韜光不用其知虛心玄鑒故無幽不燭所以外應羣動則忘知泯照閉智塞聰不有其知而內與理冥眞知獨照故

曰獨覺冥冥此所謂無知無所不知也

然則智有窮幽之鑒而無知焉實智內證神有應會之用而無慮焉權智外應神無慮故能獨王於世表智無知故能玄照於事外

此分別觀照以顯權實二智也實智照理故有窮幽之鑒照體獨立心境兩忘故無知焉神權智也俯順羣機故有應會之用無思而應故無慮焉無思而應則物不能累故獨王於世表智無知則境與心會觸事而眞故能照於事外是以不住無爲不捨有爲權實雙彰齊觀並照此聖人之心也

智雖事外未始無事神雖世表終日域中所以俯仰

順化應接無窮。無幽不察。而無照功。斯則無知之所知聖神之所會也。

此釋成二智並運之所以也。以觸事而眞。故智雖事外。而未始無事。以神雖世表。不捨度生。故終日域中。由夫二智齊觀。所以聖人俯仰順化。故權智應接無窮而不累。實智無幽不察而無照功。此其所以爲聖智無知之所知。乃聖智神心之所冥會也。以此而觀聖心。則般若之旨昭然矣。

然其爲物體也也。實而不有。虛而不無。存而不可論者。其唯聖智乎

此申明般若體絶有無也。般若本有眞實之體。但無相而不可見。故云實而不有。虛靈湛寂而照用

常然。故云虛而不無。存而不可論者。義引莊子。六合之外。聖人存而不論。以明般若非常情知見之境。故但當存之而不可論。以非言可及也。

何者。徵也。**欲言其有。無狀無名。欲言其無。聖以之靈。**

此明般若不屬有無也。欲言是有。則無相狀。而不可以名貌。欲言其無。而聖人玄鑒萬機。應用不缺。故不可以有無名也。

聖以之靈。故虛不失照。無狀無名。故照不失虛。

此下明般若寂照一源。體用雙彰。權實並顯也。虛不失照。則寂而常照。故體不離用。照不失虛。則照而常寂。用不離體。

照不失虛故混而不渝虛不失照故動以接麤

此正明權實並著也由照不失虛故權智外應混融萬物而其體湛然而不變渝變也由虛不失照故實智內證而不捨度生麤謂現身三界隨類而應是以照彌深用彌廣

是以聖智之用未始暫廢求之形相未暫可得

此結成寂照同時之義也由其權實不二故聖人彌綸萬有潛歷四生未曾一念捨眾生界其實求其智用之跡而不可得

故寶積曰以無心意而現行放光云不動等覺而建立諸法所以聖迹萬端其致一而已矣

此引二經結成寂照一源之義也。若聖人有心作爲。則有形相而可得。由無心意而現行。故現身如水月。說法如谷響。雖可見可聞。其實求之而不可得。由不動等覺而建立諸法。故不離當處而法界彌綸。所以聖迹萬端。皆法身彌布。故云其致一而已矣。

是以般若可虛而照。眞諦可亡而知。萬動可卽而靜。聖應可無而爲。斯則不知而自知。不爲而自爲矣。復何知哉。復何爲哉。

此總結般若寂照不二。存泯互融也。由上論聖心如此體用雙彰。故般若體雖至虛。可以卽虛而照。亡。絕也。眞諦之境雖絕相。可以卽絕相而知。萬動雖紛。可以卽動而靜。聖應雖無爲。可以卽無爲而

爲如此則聖智不知而自知不爲而自爲矣由其存泯互融故體用不二也上顯雙存下顯雙泯復何知哉復何爲哉其實無知無爲也

上本論竟下問答決疑有十八段

難曰一有知不矜難由前云智有窮幽之鑒而無知焉神有應會之用而無慮焉故躡此二句以興難意謂既有知有會豈可言無知無會也但聖人有知而不矜耳夫聖人眞心獨朗物物斯照應接無方動與事會物物斯照故知無所遺萬境齊觀動與事會故會不失機有感即赴上領旨也下敘計會不失機故必有會於可會謂必定有機可會知無所遺故必有知於可知謂必有能知之心知於可知之境必有知於可知故聖不

虛知必有會於可會。故聖不虛會。謂既有知有會必有可知可會之境。此則知不虛知會非虛會矣。下正難。既知既會而曰無知無會者何耶。此正申難也。既有知有會而曰無者豈不謬耶。下敘救。若夫忘知遺會者則是聖人無私於知會以成其私耳。此敘救也。謂若以忘知遺會爲救者則是聖人雖有知會而不自矜恃爲己能返以成其知會之名耳。無私成私語出老子。後其身而身先。外其身而身存。不自貴愛其身而身返存。謂聖人但以不矜其知會爲己私。故人以知會歸之。其實非無知會也。斯可謂不自有其知安得無知哉。此轉破也。謂如所救云。聖人不矜恃知會爲己長。斯可謂不自有其知。豈得謂無知哉。○下約知無知相答。答曰。約眞諦可亡而知以答。先立理。夫聖人功高二儀仁也。而不仁。大仁不仁。明逾日月而彌昏。功高謂權智應物。明逾等謂實智證眞。無爲而應。故不仁。不慮而知。故彌昏。豈曰木石瞽其懷其於無知而已哉。此揀異無情也。若謂無知。不同於木石。誠以異於人者神明。故不可以事相求之耳。此揀異有情也。若謂有知。不同凡夫。子意欲令聖人不自矜恃有其知。而聖人未嘗不有知。此牒審難意。若以此爲得者。無乃乖於聖心。失於文旨者乎。總責不但不知聖心。抑且失於文旨。何者。徵釋通難。經云眞般若者淸淨如虛空。無知無見。無作無緣。斯則知自無知矣。豈待返照絕無。然後無知哉此引經證成般若但無惑取之知非絕無真知也義引大品等文。言真般若者意在離妄以體絕纖塵故清淨如空以無惑取故無知無見以非有為故無作無緣以此而觀則般若真知獨照知自無知耳。豈待泯絕靈明然後為無知哉。若有知性空而稱淨者此牒轉救也謂若以般若實有知但以性空而稱淨者則不辨於惑智此返責也。謂若以般若性空為淨者則不辨於惑智以煩惱亦性空豈稱般若哉。三毒四倒亦皆清淨有何獨尊於般若若謂般若以性空為清淨者則三毒四倒亦皆性空如此則真妄不分。有何獨尊於般若哉。若以所知真諦美般若此敘轉救也謂若以所知之真諦清淨以此美般若為清淨者所知真諦非般若真諦為所觀之境般若為能觀之心。心境不一。故非般若。所知自常淨。故般若未嘗淨。謂若以眞諦淸淨美般若者。然在眞諦體固常淨。今爲所觀則對待未忘。是般若未嘗淨。則是眞諦返累於般若。亦無緣因也致淨歎於般若。若眞諦有累於般若。則亦無因以淨致歎於般若。下正釋然經云。般若淸淨者。將無豈非以般若體性眞淨。本無惑取之知。本無惑取之知。不可以知名哉。此正釋經義也。經云般若淸淨者。豈非以般若性淨。本無惑取之知。既無惑取之知。是不可以眞知名哉。但無妄知。非無眞知也。如此。豈唯無知名無知。知自無知矣。何獨以絕然無知爲無知。良以眞知自無妄知耳。是以聖人以無知之般若。照彼無相之眞諦。

眞諦無兔馬之遺。般若無不窮之鑒。所以會而不差。當而無是。寂怕無知。而無不知者矣。

此結答問意也。謂能觀之智無知。所觀之理無相。以無知之智。照無相之理。故心境如如。一道齊平。所以理絕三乘之跡。兔馬。三乘淺深之喻也。而般若照徹無餘。故無不窮之鑒。如此所以權智應會羣機而不差。觸事當理而無是。實智則寂然不動。怕然無爲。故無知而無不知矣。聖智如此。豈以不矜其知爲無知。又豈絕然無知爲無知哉。

難曰。

此二名互違難。問家約俗諦以名求實。以難名實相違。下約二名順成以答。

夫物無以自通。故立名以通物。

物本非名。因名以達物。

物雖非名。果有

可名之物當於此名矣。名不虛召必有物以當之如呼甲乙則有人以應之是以卽名求物物不能隱。此立理也以俗諦有名必有物設難般若既有其實而今云無知者是空有其名而無實也交申難而論云聖心無知又云無所不知。此出互違意謂無知未嘗知知未嘗無知斯則名教之所通立言之本意也。難者意若言無知則未嘗有知若言有知則未嘗無知此是名教立言之旨也然論者欲一於聖心異於文旨尋文求實未見其當。此正相違也若聖心是一則不應名異何者若知得於聖心無知無所辨若無知得於聖心知亦無所辨若二都無得無所復論哉。此徵難聖心定應居一也。謂知契於聖心則不必言無。若無知契於聖心則不必言有。若有無俱不契。則無復置論矣。今言知而無知。二語相違。豈正論哉。答曰。二名順成答。約眞諦無相。故知不可以名求以破。經云。般若義者。無名無說。非有非無。非實非虛。虛不失照。照不失虛。斯則無名之法。故非言所能言也。此引經立理以遮難也。然難者以名求實。故責有無互違。今引經義。謂般若無名。故不可以實求。無說。故不可以言得。以有無虛實一切皆非。但以體虛而不失照用。雖照應萬有而不離眞際。此無名之法固不可以言傳也。言雖不能言。然非言無以傳。是以聖人終日言而未嘗言也。今試爲子狂言辨之。道本無言。非言不顯。聖人處絕言之道。故終日言而未嘗言。今試狂言以辨之。蓋言其無言也。夫聖心者（下正答。初顯聖心有無雙絕以遣名。）微妙無相。不可爲有。（聖心實智離相。不比俗諦可以名求。）用之彌勤。不可爲無。（權智應用。會不失宜。不比外道斷滅。）不可爲無。故聖智存焉。（靈知獨照。）不可爲有。故名教絕焉。（但以虛而照物。雖大用昭昭而言詮不及。名言路絕。）是以言知不爲知。欲以通其鑒。（以虛而照。所以言知不是眞箇有知。但假知字以通曉其鑒照之用耳。）不知非不知。欲以辨其相。（言不知不是絕然無知。但以無字以辨無藏取之知相耳。）辨相不爲無。（但無妄知之相。不是絕無眞知。）通鑒不爲有。（但以虛而照物。故非有知之可取。）

非有故知而無知。以眞照體虛。故雖知而無知。非無故無知而知。言非無者以無妄知。故眞知彌照。是以知卽無知。無知卽知。無以言異而異於聖心也。良以聖心眞窮惑盡。眞知獨照。不墮有無。豈可以遮遣之寄言而異於聖心哉。

難曰。以緣會求知難。謂眞諦爲所緣之境。旣有所緣。定有能緣之智。非無知也。夫眞諦深玄。非智不測。聖智之能在茲而顯。言非智不能照眞諦。故經云。不得般若不見眞諦。眞諦則般若之緣也。境知歷然。以緣求智。智則知矣。謂眞諦爲所緣之境。般若乃能緣之智。以緣求智。智卽知矣。豈無知哉。此以心境對待立難。答曰。此以非緣無知答。意謂眞諦離緣。故智亦非知。以緣求智。智非知也。此牒難斥非也。謂若就緣以求智。然眞諦離緣。故智亦非知。何者。徵釋。放光云。不緣色生識。是名不見色。文云。不以五陰因緣起識者。是名不見五陰。謂不因五陰起分別者。以離身心。故不見身心相。此則離緣之知。不可以緣求也。又云。五陰清淨故。般若清淨。清淨者。空之異稱。以五陰本空。故般若亦空。空則離緣。非有知也。般若卽能知也。五陰卽所知也。所知卽緣也。此楷定知緣。以明離緣無知也。謂若以緣求知。今般若乃能緣之知。五陰乃所緣之境。今云五陰本空。則非所緣也。所緣既空。則能緣亦空。以空則非有所知。由照見皆空。故知卽無知。但不從緣耳。夫知能知之心與所

知所知之境相與待也而有相與而無相與而無故物物字通該
心境莫之有心境皆眞故不有相與而有故物莫之無心境角立故對
待不無物莫之無故爲緣之所起心境未忘則妄緣斯起物莫之
有故則緣所不能生心境兩忘則照體獨立不因境有不借緣生緣所不
能生故照緣而非知以離緣之智照寂滅之境故非有所知爲緣之所
起故知緣相因而生以對緣所起之妄心故心境未忘知緣相因待而生此妄而非
眞下雙結釋成是以知妄知與無知眞知生因也於所知境通眞妄矣釋上
心境相待而有故妄心取相故有知以眞知離緣故無知此所以知與無知皆因心境但有取不取耳

何者。通徵真妄 夫智 真智 以 因也 知所知。之境 取相故名知。以有對待故名妄知。真諦自 本來 無相。無相可取 真智何由知。以真諦離相故真智無知。以無緣故無知也。○次真妄各辨初辨妄 所以然者。釋真妄各有所以 夫所知 之妄境 非所知。以妄境本空故本非所知 所知 之妄境 生 因也 於知 能知之妄心 所知 妄境 既生知。妄心 知 妄心 亦生所知。妄境 所 妄境 知 妄心 既相生。妄心妄境相因而生 相生卽緣法。心境相待因緣而生故對待未忘是爲緣法。緣法故非真。緣生之法假而非真 非真故非真諦也。難家以真諦爲所緣之境。今答以緣生乃妄法非真諦也何爲所緣。故中觀云。通證真妄 物從因緣有故不眞。此證緣乃妄法。不從因緣有故卽眞。此證離緣乃眞。○下顯眞今眞諦曰眞。眞則非緣。眞則不借緣生。眞非緣。眞諦既非緣。故無物從緣而生也。前難家以緣眞諦。故以般若爲有知。今論主答以眞諦離緣。離緣之眞諦。豈能生般若之知哉。從緣緣應云從非緣。謂無有一法從非緣而生者。意責難者不達眞諦離緣而妄擬也。故經云不見有法無非也緣而生。證成上義。非緣不能生物。則眞諦離緣。必不生知矣。是以眞智觀眞諦。未嘗取所知。謂眞智照眞諦。未嘗取爲所知之境。智不取所知。此智何由知。謂眞智既不取所知之境。則此智何由而知哉。然智非無知。此遮過也。謂眞智但不取所知之境耳。非是絕無知體也。良以獨照爲知。非有待也。但眞諦非所知。但眞諦無相。非所知之境耳。故眞智亦非知。由眞諦非所知。故眞智亦非知。此二句結盡般若無知之妙。○下返責。而子欲以緣求智。故以智爲知。然智無分別。知有分別。以知爲智。則眞妄不分。何以與難。緣自非緣。於何而求知。由難意以緣求知。今答以眞諦離緣。然緣本非緣。向何而求知哉。此則境智雙忘。能所齊泯。般若玄旨。妙極於斯。

難曰。前云不取之知。今以有知無知不取。皆非二義雙關難。論云不取者。牒論申難。爲無知故不取。爲知然後不取耶。立定下難。若無知故不取。聖人則冥若夜游。不辨緇素之異耶。此則曹然無知。若知然後不取。知則異於不取矣。謂若有知則有所取之物。此則既已有知。難言不取矣。○上以心境兩異難。下以心境冥一答。答曰。有無雙非不取以答。非無知故不取。又非知然後不取。有無皆非不取。知卽不取。故能不取而知。此明兩是。謂由知處當下不取。故能不取而知。

難曰。因聞上心境皆非。故約不取心境俱成斷滅以難。論云不取者。誠以聖心不物不取著也。於物。故無惑取也。上立理。下申難。無取則無是。是者印可於物不謬之稱。能知之心也。無是則無當。當者應物不謬。主質不差。言所知之境。也。誰當聖心。謂無境可知。誰當聖心。無境可當。豈非斷滅。而云聖心無所不知耶。謂無境可當聖心。則絕然無所知矣。而云無所不知。豈不謬耶。答曰。以是當混成答。然。縱可之辭。無是無當者。牒難意。夫無當則物無不當。言當者當心之境也。若一境當心。則滯而不通。若無當心。則境寂心空。眞心任徧知。故無物不當。無是則物無不是。謂無能取之心。則心空境寂。法法皆眞。故物無不是。物無不是。故是而無是。了境唯心。則心境兩忘。是非齊泯。故是亦無是。物無不當。故當而無當。以唯心之境。則更無心外境能與心爲緣。故雖照境。而萬法皆空。故當而無當。故經云。盡見諸法而無所見。以萬法唯心。則無一法可當情者。故盡見諸法而無所見。

難曰。聞心境俱泯。遂疑捨有入無。故以立難。聖心非不能是。誠以無是可是。敘聖心捨有以領旨也。雖無是可是。縱成故當是於無是矣。以爲入無。是以經云眞諦無相故般若無知者。引證無知。此述領意。誠以般若無有有相之知。此釋經正義。下以謬解申難。若以無相爲無相有何累於眞諦耶。意謂若以有相累於般若。今若以無相爲無相又何累於般若耶。此不達般若眞知獨照。故以絶無爲般若。答曰。難以捨有入無。答以兼亡無相。聖人無無相也。難家認取無相。答以無相亦無。總答問意也。何者。徵釋無相亦非。若以無相爲無相。若認著於無相。則心有所住。聖心則不然。無相卽爲相。若取著無相。則無相亦成相。永嘉云。棄有著空病亦然。捨有而之無。譬猶逃峰而赴壑。俱不免於患矣。猶如避溺而投火。此外道斷滅也。聖心豈然哉。下申聖心無住。是以至人處有而不有。居無而不無。雖涉有無而不住有無。所謂二邊不住。雖不取於有無。然亦不捨於有無。有無不住。中道亦不安。所以和光塵勞。老子曰。和其光。同其塵。周旋五趣。此能有為。寂然而往。不動本際。應現一切。怕爾而來。萬化不遷。冥心絕域。恬淡無為。而無不為。聖人以無住為心。豈可以有無而擬之哉。

難曰。難以權智生滅。以不達動靜一如。故立此難。聖心雖無知。然其應會之道不差。此領旨也。是以可應者應之。不可應者存之。此疑聖心有揀擇可否。故以爲有生有滅。然則聖心有時而生有時而滅可得然乎。不了生本無生故立此難。答曰。答以聖心本無生滅。生滅者生滅心也。此凡夫心也。聖豈然哉。聖人無心生滅焉起。眞顯無生。然非無心。不同木石無情。但是無心心耳。但無生滅之心爲心耳。又非不應。不同孤吊。但是不應應耳。但是隨感而應本無將迎之心也。是以聖人應會之道則信若四時之質。質實也由聖人之心無緣應物。感而遂通如谷響水月故信如四時之實應不失時。直以虛無寂滅爲體。斯不可得而生不可得而滅也。以寂滅眞知隨緣應現故本無生滅。

難曰聞無生滅不達惑智俱空故以申難聖智之無惑智之無前云聖智無惑取之知故疑惑智之無俱無生滅何以異之謂根本實智靈鑒獨照本自無知故云聖智之無後得權智照破無明妄惑本空故無惑取之知二者皆無不識無義何辨故此與難答曰先智惑雙辨示空義之淺深聖智之無者無知眞知獨照心境兩忘故云無知惑智之無者知無權智照破惑取之妄知本無故曰知無其無雖同所以無者異也聖知天然無知不假功動惑智因修而得故無意雖同所以則異何者徵釋不同夫聖心虛靜無知可無可曰無知非謂知無聖人眞心獨朗寂然不動絕無妄法故無知可無但可曰無知不可言知無惑智有知故有

知可無可謂知無非曰無知也。後得照惑了妄本空。但可言知妄元無不可言無知。無知卽般若之無也。般若本絶諸妄。故不可說知無。知無卽眞諦之無也。知無者謂知眞諦無妄知也。是以般若之與眞諦此下心境合明會寂用之同異先同異雙明。言用卽同而異卽寂而照。言寂卽異而同。卽照而寂。同故無心於彼此心境也同則心境雙泯。異故不失於照功。境智歷然。是以辨同者同於異同其所不同。辨異者異於同。異其所不異此則心境俱存照用同時。斯則不可得而異不可得而同也。以俱非雙泯故不可以同異定名。何者徵辨寂用。內有獨鑒之明照體獨立寂也。外有萬法之實。萬法皆眞用也。萬法雖實。然非照不得。萬法雖眞非智照不得其實。內心也外境也相與以成其照功。智得境而照用全彰。境得智而眞常獨露。故云內外相與以成其功。此則聖所不能同用也。非境無以顯智。故不能同。內雖照而無知。非有對待之知。外雖實而無相。諸法實相不可以相求。故云無相。內外寂然。內智無知外境無相。心境雙泯故曰寂然。相與俱無。由心空故境寂。以境寂故心空。故心境相與一道齊平。此則聖所不能異寂也。寂則心境雙亡。故不能異。是以經云。諸法不異者。豈曰續鳧截鶴。夷嶽盈壑。然後無異哉。引證本來不異也。大品云。諸法無相。非一相。非異相。豈曰下。引釋不異。莊子曰。鳧脛雖短。續之則憂。鶴脛雖長。斷之則悲。謂天生長短。不必裁齊。嶽高壑下。本來自定。不必夷嶽之高。以塡壑之下。意引諸法當體眞常。本無差別。所謂是法住法位。世間相常住。不待造作。然後齊平。謂若以不二之智。照一眞之境。故法法眞常。本來不異。斯則自然不異。非安排而後不異也。**誠以不異於異。故雖異而不異也。**不以境異而異其心。故境隨心一。卽異而同。故云雖異而不異。**故經云。甚奇世尊。於無異法中而說諸法異。**謂依一眞法界。廣說無量差別法門。故云無異法而說異法。**又云。般若與諸法。亦不一相。亦不異相。信矣。**引證不一不異。大品云。世尊。云何於無異法中而說諸法異。又云。諸法無相。非一相。非異相。是知諸法一異。乃外道邪見。以般若而觀。則非一

非異實相般若理極於斯

難曰因聞寂用遂疑有二故此立難論云言用則異言寂則同未詳般若之內則有用寂之異乎不達動靜一源故疑寂用兩殊答曰答以寂用一致用即寂寂即用用寂體一同出而異名同出異名語出老子彼意有無同出一玄此言寂用本乎一心但約動靜言之耳更無無用之寂而主於用也言寂體必有照用如明鏡之光未有光明之鏡而無照者是以智彌昧照逾明此言實智照理泯絕所知故彌昧眞明逾發故照逾明此言即寂之用也神彌靜應逾動由實智彌寂故權用無方此言用不離體故云應逾動豈曰明昧動靜

之異哉。總結寂用不二。故成具云。不爲而過爲。此證權智即實之權。實積曰。無心無識。無不覺知。此證離妄之智。斯則窮神權智應物。盡智。實智照理。極象外之談也。釋引二經雙明寂用。乃極象外之談。即之明文。聖心可知矣。以此而觀。肇疑冰釋矣。

般若無知論 終

肇論略注卷四

明匡山沙門憨山釋德清述

劉遺民書問附

遺民和南

按新疏。公名程之。字仲思。別號遺民。謂遺逸之民。彭城人。漢楚元王之裔。外善百家。內研佛理。嘗為柴桑令。値桓玄僭逆初萌。乃歎曰。晉室無盤石之固。蒼生有纍卵之危。因與儒者次宗宗炳周續之等。皆當代名流。事遠公於盧山。稱十八賢。精結蓮社。辟命弗顧。太尉劉裕見其野志沖邈。乃以高尚相禮。時生法師入關。就學於什師。與論主莫逆。生公南返。乃以前論出示盧山社眾。遺民覽之歎服。

因呈遠公。公歎曰未曾有也。雖遺民致問。亦遠之深意也。

頃餐味也徽美也聞。去聲。名也。有懷遐佇。企望也。歲末寒嚴。體中如何。音寄邅隔。增用抱蘊。弟子沈痾草澤。山野也。常有弊瘵耳。因慧明道人北遊。裁。纔也。通其情。

將致問深旨。先敘寒溫仰慕之懷也。謂頃聞美名。如飢渴之得飲食。故曰餐。有願見之懷而不得。但有遐想企佇。時當歲末。不審道體如何。以乏便鴻。故音寄邅隔不通。日增積蘊之思。顧以病臥草澤。不能遠訪。情向未達。近因惠明北遊。纔得一通其情。此敘未見懷想之心如此。

古人不以形疏致思也。淡。悟涉則親。是以雖復江山悠邈。不面當年。至於企懷風味。鏡心象迹。佇悅之勤。良以深矣。緬然無因。瞻霞永歎。順時愛敬。冀因行李數有承問。

此敘慨慕之情也。古人不以形迹疏遠。而遂淡其致思。苟心相契悟。雖遠亦親。是以山川雖邈遠。昔年未面。至若企仰懷慕道風法味。心鏡照其像迹。不越方寸。故佇望之勤。日益深矣。此想慕之切也。私心緬然不忘。但無因一見。瞻望秦嶺之煙霞。益增長歎。隨時愛敬之心不忘。冀望乘往來行李之便。願數有音問。

伏願彼大衆康和。外國法師休納。

此祝願也。外國法師常時休納福慶也。以論主在譯場。故問及大衆。致訊本師也。

上人以悟發之器。而遘茲淵對。想開究之功。足以盡過半之思。故以每惟乖闊。憤愧何深。

此歎論主遭逢之幸。顧自愧也。悟發之器。謂論主先遇梵師持禪波羅密經梵本至秦。論主從梵師得受禪訣。有所開悟。故稱悟發之器。淵對指什師淵妙之思。論主既已自悟。又遇此良師。想於般若開究之功。以盡過半之思。謂全了悟也。故劉公慕此。不能參預法會。以自乖違闊遠。憤愧何深耳。

此山僧清常。道戒彌勵。禪隱之餘。則惟研惟講。恂恂敬貌。**穆穆。**和也。**故可樂矣。弟子既以遂宿心。而覩茲上軌。**

感寄之誠。日月銘至。瑤本作志

此劉公自述慶幸法侶嘉會之辭也。言道戒。戒也。禪隱定也。研講慧也。此三學精嚴。六和修敬。自遂生平而覯茲嘉範。感託之誠。指日月以銘心志。

遠法師頂恆履宜。思業。禪思道業。精詣。到也。乾乾宵夕。自非道用潛流。理爲神御。孰以過順之年。湛氣若茲之勤。所以憑托身慰慰心既深。仰謝逾絕。

此讚述遠公之高。且述依托之志也。履宜。謂行履如宜。禪思道業。精嚴深到。而又乾乾不息。晝夜不懈。如此操行。若非道用潛流於心地。至理神御於日用。誰能以過耳順之年。澄湛之氣若此之精勤。

有師如此故身有所托而心有所慰以畢所願故仰道謝世日遠逾絕此又劉公之所大慶幸也

去年夏末始見生上人示無知論才運此疑作韻清儁旨中沈深淵允恰當推涉聖文婉而有歸披味殷勤不能釋手直可謂浴心方等之淵而悟懷絕冥之肆者矣若令此辨遂通則般若眾流殆不言而會可不欣乎可不欣乎

此敘得論之由也謂從生公得無知論其才清儁其理深沈允當推釋經文辭婉而旨有歸趣披閱玩味殷勤再至不能釋手般若玄宗如眾流歸海如入浴海已沾百川之水浴心般若已得萬法之

宗。般若非見聞之境。故稱絕冥之肆。若使此論一通。則般若引衆流。將不言而會矣。再言可不欣乎。慶躍之至也。

夫理微者辭險。由般若理微。故設論辭險。唱獨者應希。如陽春雪曲和者應稀。苟非絕言象之表者。者指其人也。若非心超象外之人。定不能領會。將以存象而致乖乎。謂未能忘言得旨之人。必執言以乖其理。意謂答以緣求智之章。婉轉窮盡。極爲精巧。無所間然矣。此許前論與理渾然。無有間隙矣。但暗者昧於理者。難以頓曉。猶有餘疑一兩。一二今輒題之如別。初別列問意。今合歸篇中。想從容無事之暇間暇之時復能麤為釋之。上敘起疑之由。下正敘疑文。論序云。般若之體。非有非無。真俗雙泯。虛不失照。照不失虛。寂照同時。故曰不動等覺而建立諸法。下章云。異乎人者神明。故不可以事相求之耳。上總敘實智之文。又云。用即寂。寂即用。神彌靜。應逾動。此敘權智之文。下就敘論意。先權實雙標。夫聖心冥寂。理極同無。此敘實智意。不疾而疾。不徐而徐。此敘權智意。是以下釋成權實一致。知不廢寂。權即實。寂不廢知。實即權。未始不寂。未始不知。權實雙彰二智並運。故其運物成功化世之道。雖處有名之中。而遠亦作宛與無名同。謂由寂照同時。故權智應機化世。而遠與實智理冥。是以二智無殊。上敘中論意微妙。下敘迷昧者不了玄旨。斯理之玄。固常所彌新疏作迷昧者矣。上敘論文立意權實不異。下出疑設難二智體殊。但今談者所疑於高論之旨。欲求聖心之異。以論說聖心冥一。故今疑者按權實二智以求聖心之異。故下正難二智體殊。爲謂窮靈瑤本作虛極數妙盡冥符耶。此正難意云所言二智不異者。爲是般若證窮眞諦之處。斷盡俗諦有爲之數。妙盡冥符合而爲一耶。此難實智冥眞絕俗也。爲將心體自然靈怕獨感耶。難意謂般若之用不在窮虛極數。當體虛怕無相獨存耶。此難疑無權智也。○上中疑立難。下出過。若窮靈作虛極數妙盡冥符。謂心境既合爲一。則不應存寂照二名。則寂照之名故是定慧之體耳。然寂照二名體用不一。則所成之定慧既二。則寂照亦二。用既二。則體亦二。安可言心境冥一也。此則二名不應一體也。若心體自然靈怕獨感。是所謂神彌靜。乃返一絕跡有體無用。如何又有權智耶。則羣數之應固以幾乎息矣。若有體無用。則權智已絕。又何言應逾動耶。○上雙難權實。下潛難無知。夫心數既玄。則寂然無知矣。而又云孤運其照。然照則知矣。何言無知。神湻化表而慧明獨存。言神既湻恬於萬物之表。此則絕於應。而慧明獨存。則不合有應。有應則二知矣。既有二知。則一知照眞。一知明俗。何謂無知。當有深證可試爲辨之。辨上權實不二。眞智無知。下難不取。意謂實智可不取。權智則非不取也。疑者當以撫會應機覩變之知。不可謂之不有矣。謂權智應機。必定有知。而論旨云本無惑取之知。本論謂權智無惑取之知。而未釋解也所以不取之理。意謂權智應機必有知有知必有取而言不取故未解也。下兼難心異。謂宜先定聖心所以應會之道。謂以二語楷定聖心。即下云。爲當唯照無相耶。由上立難權智有取故今單就權智以難聖心有二爲是權智觀物唯了物體惟空本無相相耶。此審定無相。爲當咸覩其變耶。爲是權智應物覩其萬化皆有相耶。此審定有相。○下難。若覩其變則異乎無相。謂若唯覩其萬變有相可撫。則異乎無相。若唯照無相則無會可撫。謂若唯照性空則萬境斯寂故無會可撫既無會可撫而有撫會之功意有未悟幸復誨之言既無會可撫則機緣已絕可言不取而又言有撫會之功有撫則何言不取耶意謂聖心若一定應得一失一若二諦俱得則權實兩殊故此難之下難是當先舉疑文論云無當則物無不當無是則物無不是物無不是故是而無是物無不當故當而無當上引論文下就許是當夫無當而物無不當乃所以為至當無是而物無不是乃所以為眞是上就許是當下難相違豈有眞是而非是至當而非當而云當而無當是而無是耶上難相違下敍救轉非若謂至當非常

泛常當。眞是非常泛常是。此蓋悟惑之言本異耳。至當眞是乃悟者所見常當常是乃惑者所執。故言不同。而義未決。固論旨所以不明也。願復重喻以祛其惑矣。請決所疑下難以結意。論至日。卽與遠法師詳省之。法師亦好相領得意。言遠公亦相得意許可。但標位似各有本。遠宗法性。什宗實相。故各有本。或當不必理盡同矣。此一語足見遺民見理未眞。頃兼以班諸有懷。謂以論班示同志。屢有擊其節者。謂賞音識趣者。而恨不得與斯人同時也。凡見斯論者無不願見。而不可得也。

答劉遺民書書有二幅。前短札。後長幅。

不面在昔。佇想用勞。言與遺民自昔未面。故但勞佇想耳。慧明道人至。得去年十二月疏并問。劉公前書託慧明寄至。披尋返覆。詳省來問。欣若暫對。涼風屆節。頃常如何。此敘寒溫。貧道勞疾多不佳耳。信南返不悉。信乃使者。此敘意下正答。八月十五日。釋僧肇疏答。

服像雖殊。妙期不二。服像。言儒釋雖不同。若妙悟心期。則本來不二。江山雖緬。遠也。理契則鄰。江山雖遠。若忘形契理。則萬里非遙。所以望途致想虛襟有寄。言與劉公心神契會。所以屬望長途。虛懷有託。君既遂嘉遯之志。嘉遯。

周易遯卦爻辭又云肥遯言高尚隱逸也。標越俗之美獨恬事外歡足方寸。此歎劉公匡山蓮社已遂隱逸之志。標越塵俗之美名。獨享世外之樂。其歡足內心。每一言集。每與南來之人一言集會之間。何嘗不遠喻林下之雅詠。來人一言話間。未嘗不遠領林下之雅詠。謂時領社中名公著作也。高致悠然。此讚所聞諸作則知高尚之思悠然可想。清散未期。言慕社中清勝君子蕭散之懷未期佳會。厚自保愛。此囑劉公加餐之意。每因行李數有承問。因往來人數得劉公音問。願彼山僧無恙道俗通佳。酬前大眾康和但社有宰官居士故併問道俗。承遠法師之勝常。此酬前外國法師當休納。以爲欣慰。喜法師勝常足以慰心。雖未清承然服膺高軌。企佇之勤。為日久矣。敘仰慕遠公之情。雖然未承清範。而服膺懷德。仰其高躅。瞻慕之心。非一日矣。公以過順之年。湛氣彌厲。下酬敘遠公近履佳況。前云遠公湛氣若茲之勤。故因歎云。過順之年。澄湛之氣。彌厲。益嚴勁倍常。所謂老當益壯。養徒作養徒眾。幽巖。抱一凝神。沖空虛谷。遐邇仰詠。遠近仰高誦德。何美如之。歎遠公美德無以過之。每亦翹想一隅。懸庇霄岸。言翹想遠公天各一方。霄岸。猶言天際。言懸遠托庇蔭於天際。無由寫敬。懷慕之心。布敬無因。致慨良深。言懸想而不及見。慷慨之念實深。君清對終日。快有悟心之歡也。酬前憑慰既深。謂慕遠公之高。恨不及見。君幸終日清對。且喜有悟心之快。即此大眾尋常。如常什法師如宜。正答休納秦王道性自然。此下敘國王外護三寶正隆。天機邁俗。言秦王向道之性不勉而能天機超俗不以有國爲榮。城塹。外護三寶弘道是務。言不以國事爲累但終日弘道。由使異典。法寶郎下敘新經。勝僧。僧寶郎下敘諸師。方遠而至。自西竺遠來。靈鷲之風萃於玆土。佛居靈鷲之風什師入關三寶聚於此土。領公。支法領也遠公弟子。遠舉乃千載之津梁也。領公往西域取經故云遠舉。於西域還得方等新經二百餘部。遠公使領公往西域取經所取方等諸經按新疏云華嚴梵本亦領公肆至恨無正傳。請大乘禪師一人。禪師名佛陀婆陀羅此云覺賢賢學禪業於罽賓佛大仙弘始中入秦於瓦官寺教習禪道。江南慧嚴慧觀。關中玄高等。皆從師受業。論主亦在其中。故劉公稱云悟發之器。三藏法師一人。名弗若多羅。姚興待以上賓之禮。令譯十誦。未竟而終。毗婆沙法師二人。一名曇摩耶舍。一名曇摩掘多。以善通此論。故以為名。什法師於大石寺出新至諸經。諸經或諸師齎來。或領公所取。皆一時至。故云新至。法藏淵曠。淵深廣大。日有異聞。時聽誦譯。禪師於瓦官寺教習禪道。門徒數百。夙夜匪懈。日夜參求。邕邕和也。肅肅敬也。致可欣樂。由是而知達磨未來已前。禪道已行。學者不少。論主蚤以從修禪業。有所悟入。觀論旨幽玄。非悟何以至此。三藏法師於中寺出律藏。本謂四重等。末謂餘篇。精精詳。悉盡悉。若覩初制。若覩如來初制之日。毗婆沙法師於石羊寺出舍利弗阿毗曇小乘論名。胡本。梵本雖未及譯時問中事。發言新奇。此上敘譯場近來諸經。及西來諸師。足見一時法運之盛。故特以相聞。貧道一生猥參嘉運。遇茲盛化。自恨不覩釋迦祇桓之集。餘復何恨。論主自慶時清道泰。明主弘法。眞師主盟。聖典遠臻。勝友雲集。可謂一時之盛。何幸參預嘉運。遇茲盛化。所恨不覩祇園親承佛會。餘復何憾。而慨不得與清勝君子同斯法集耳。此以不得劉公同此法集。良以爲慨耳。生上人頃在此。同止數年。什公門下弟子。有生肇融叡。稱爲四哲。時美其盛。謂通情則生融上首。精難則叡肇第一。或云觀公。至於言話之際。常相稱詠。詠誦也。謂常稱誦匡山之盛。中途還南。因譯涅槃經。至闡提無佛性義。生公曰。蠢動含靈皆有佛性。闡提雖不信。有時善根發現。何以言無佛性。想經來未盡耳。衆皆不然。生公遂去譯場。故云中途南還。君得與相見。來書云。始見生上人示無知論。故云相見。未更近問。惘悒何言。言生公去後。更無近問。中心惘悒。言思慕不忘也。威道人至。自蓮社來。得君念佛三昧詠。并得遠法師三昧詠及序。言劉公作念佛三昧詩。遠公亦作。且更有序。威道人持來。故得一見。此作興寄旣高。辭致淸婉。此美念佛三昧之作。托興寄心已高。而文辭淸爽。致思微婉。能文之士。率稱其美。言關中能文之士。相率皆稱其美。可謂游涉聖門。扣玄關之唱也。稱其能以文辭發揮佛理。故云游涉孔聖之門。而扣法界玄關之唱。非空談也。君與法師當數有文集因來何少。因見念佛詠序。則知公與遠公文集當多。而見寄何少耶。什法師以午年。弘始八年歲次丙午。出維摩經。貧道時預聽次。什師譯維摩。且譯且講。故云時預聽次。參承之暇。輒復條記成言。謂參承講說之暇。復條記什師現成之言。以爲注解。此言注雖出肇手。而義則本乎什師。辭雖不文。然義承有本。論主自謙。維摩注解。辭雖不文。而義則承本什師。今因信使者持一本往南。君閑詳。言劉公閑於文字。詳於義理。試可取看。已上敘彼此一往之事。以通其情。此下方敘來問發起。來問婉切。謂劉公五難。辭婉而義切。難爲郢人。論主自謙。謂難與劉公敵手。郢人事出莊子。謂郢人堊漫其鼻端若蠅翼。使匠石斲之。匠石運斤成風。盡堊而鼻不傷。郢人立不失容。此匠石揮斤之妙。固難其人。而郢人立不失容。更自難得。言承當之難也。貧道思不關微。言入理。兼拙於筆語。謂不但思不入理。兼且拙於文字。且至趣無言。言必乖趣。至理無言。言生理喪。云云猶嘵嘵。不已。竟何所辯。言不及理。辯之何益。聊以狂妄言言。示訓來旨耳。莊子云。吾與汝妄言之。汝亦妄聽之。疏云。稱聖心冥寂。理極同無。雖處有名之中。而遠與無名同。斯理之玄。固常彌昧者。上牒來疏所引論辭。以此爲懷。自可忘言內得。取定方寸。

此許其所得。自可忘言內證。取定一心。復何足以人情之所異。而求聖心之異乎。此責其不能忘言。復以常人之情而求聖心之異。疏曰。下舉難出意。談者謂窮靈極數。妙盡冥符。則寂照之名。故是定慧之體耳。寂照下出難。若心體自然。靈怕獨感。下出難。則羣數之應固以幾乎息矣。上牒難。下出意。意謂通下句。妙盡冥符心境合一。則寂照雙絕。不可以定慧二法爲名。意謂靈怕獨感則靈心絕待。不可稱羣數以息。卻不知兩言雖殊。妙用常一。迹我而乖。在聖不殊也。上以正意責迷。何者。徵釋無異先示定慧同源。夫聖人玄心寂體默照。照用理極同無。照極則兩忘。同一眞源。既曰爲同。同無不極。既同一源。則無有不極。○下責迷。何有同無之極而有定慧之名。此出正義。下釋伏疑云。定慧既一。何故前云寂卽用。用卽寂。定慧之名非同外之稱也。謂寂照既同一源。則知定慧本同一體。豈同外別稱定慧之名耶。若稱生同內有稱非同謂若定慧之名。生於同內。則凡涉名言。則非眞體。若稱生同外稱非我也。謂於同外強稱定慧之名。則是迷者妄執在我。般若體中本無定慧二名。○上答定慧不二。下答權應不息。又聖心虛微妙絕常境。妙盡冥符。此言實智無爲。次言權應不息。感無不應。會無不通。冥機妙智潛運。其用不勤。權智妙應。

而無不爲如此。羣數之應。亦何爲而息耶。上明實智無爲。權應不息。下答二智體殊。正答心異。兼通有知。先標妄。且夫心之有也。凡夫妄心之有。以因也。其有有。有待緣而後有。有不自有。以待緣而有。故不能自有。故聖心不有有。此顯眞也。以聖心離緣。故不有有。不有有故有無有。以不借緣生。故雖有而非有。有無有故。牒上。則無無。既已非有。則亦非無。無無故。牒上。聖人不有不無。雙絕有無。冥心一際。不有不無。其神乃虛。以有無雙絕則虛靈獨照。妙契中道何者。徵起。下即難就通。正答心異以明雙非。夫有下至廢用耶。通爲一唱。二百零一字。夫有也無也。心之影響也。影譬象。響譬言。言也象也。影響之所攀緣也。（分別影響本無實法。下正示雙非。）有無既廢（絕也。）則心無影響。影響既淪（喪也。）則言象莫測。（心絕緣影。則言象不及。）言象莫測則道絕羣方。（則心體離量。）道絕羣方。故能窮靈極數。（窮虛則理極。極數則妄盡。）窮靈極數乃曰妙盡。（眞妄雙亡。是非齊泯。）妙盡之道本乎無寄。（靈靈絕待。故曰無寄。）夫無寄在（因也。）乎冥寂。（權實一心。寂照一體。）冥絕故虛以通之。（通者道達之意。謂冥寂之體至絕離相。若不假一虛字通之。則人何以了悟。）妙盡存（亦因也。）乎極數。（眞不窮則妄不盡。妄不盡則眞不極。）極數故數以應之。（會萬物而爲己。故曰極數。分身萬象。法身普應。故數以應之。）數以應之故動與事會權智應物感而遂通故云動與事會虛以通之故道超名外實智證理離名絕相故云道超名外下兼通有知道超名外因謂之無但離名相不是斷滅動與事會因謂之有感應在機隨緣而現故有非實有因謂之有者應夫作非字眞實也有強謂之然耳彼指中道一心何然哉待機緣而有者應非實有但強謂之耳彼寂滅一心何嘗動而爲有哉故經云引證無知聖智無知而無所不知無爲而無所不爲此義引般若諸文以證聖心權實不異有知無知本一致也此無言無相寂滅之道豈曰有而爲有無而爲無動而乖靜靜而廢用耶此據理責迷以結上義也而

今談者。此下正答有知潛答心異。多即言以定旨。責迷不能忘言會理。尋大方而徵求也。隅。老子云大方無隅，謂寂漠沖虛之般若。而以有知無知求之，正猶尋大方而求隅也。懷前識以標玄。前識者老子云前識者道之華而愚之始也。謂分別惑取之知。存執也。所存之必當。以妄執為必當。是以聞聖有知謂之有心。聞聖無知謂等同也。大虛。即謂冥然無知。有無之境邊見。有無斷常二邊。所存豈是處中莫二之道乎。上責偏見以明不異。下示中道。何者。徵明空假以顯中道。先空次假。萬物雖殊。然性本常一。以性空故常一。不可而物。以緣生無性不可名物。此示空義。然非不物。以無性緣生。此示假義。可物於物上物能取之心下物所取之境則名相異陳迷則能所未忘不物於物能所兩忘則物而卽眞不取無非幻故卽物卽眞○下正示中道是以聖人不物於物不取不非物於物不捨不物於物物非有也一心不生萬法自寂不非物於物物非無也森羅頓現萬境全彰以空有兩忘二邊自泯此約一心以顯中道下約境以顯中道非有所以不取以萬法本空無可取者非無所以不捨以法法卽眞故不捨一法不捨故妙存卽眞由不捨一法故法法卽眞不取故名相靡因心不附物則名相自空名相靡因非有知也無境可知妙存卽眞非無知也萬法唯心眞照獨立故非無知故經云引證

般若於諸法。無取無捨。無知無不知。證明般若能所兩忘以顯中道。此攀緣之外。超妄想境。絕心之域。離心意識。而欲以有無詰者。不亦遠乎。總責執迷。請詰夫雙詰有無。陳有無者。夫智之生也。極於相內。智乃六麤智相之智。謂分別見也。言分別知見。因名相起。法本無相。聖智何知。以萬法性空無相。聖人無境當心。又何所知。世稱無知者。謂等木石太虛無情之流。世人謂無知將同無情。靈鑒幽燭。形於未兆。道無隱機。般若真智。靈明鑒照。無幽不燭。一念未生已前。十方三世。圓明了了。徹見萬法。故道無隱機。寧曰無知。如此靈明為正徧知。豈曰無知。下為解偏滯。且無知生也。起於無知。（下無字誤，應云無知生於有知，謂無知之見起於有知，二者相待，其實有無俱無。）無無知也，無有知也。（雙拂二見，有無不立，下顯雙非。）無有知也謂之非有，（是爲寂體。）無無知也謂之非無。（是爲照用。）所以虛不失照，（寂而常照。）照不失虛，（照而常寂。）怕然永寂，（湛然常住。）靡執靡拘。（不墮有無，如此中道妙絕常情。）孰能動之令有，靜之使無耶。（動不著有，靜不著無。）故經云，眞般若者，非有非無，無起無滅，不可說示於人。（一切皆非，故不可說示。）何則。（徵釋經義。）言其非有者，言其非是有，（凡佛言非者，乃遮遣破執之辭，非實法也。且言非有者，乃是遮執有者，遮其不是實有耳。）非謂是非有。

不是說絕無也。言其非無者。言其非是無。言其不是絕無。非謂是非無。不是說實有也。非有。說非有。非非有也。不是非有。非無。說非無。非非無也。不是絕無。四句既離。百非自遣。是以須菩提終日說般若而云無所說。此絕言之道。知何以傳。絕言之道。非知見之境。又何以傳。庶參玄君子。有以會之耳。惟忘言者可以心會耳。上雙遣權實竟。寂照有無二疑皆通。下別答不取。先廣答心異。又云。宜先定聖心所以應會之道。爲當唯照無相耶。爲當咸覩其變耶。此敘來難。前難意云。權智有取。爲是唯照萬法性空無相耶。爲是權智應物觀其萬化皆有相耶。來難二意。一難有取。二難心異。今先答心異後答不取。下出難意。談者似謂無相與變其旨不一。觀變則異乎無相。照無相則失於撫會。下責滯。然則卽眞之義或有滯也。出其難意。謂二智不一。然觀變則是有相。異於無相矣。照無相則不能應機。異於有相矣。是則空有不能雙照。故責以不能卽眞。故云滯也。經云色不異空。空不異色。色卽是空。空卽是色。此下正答先引經定理以色空相卽立意下反質之若如似也來旨觀色空時應一心見色。一心見空。此出迷滯。下出違。若一心見色則唯色非空。若一心見空則唯空非色。然則空色兩陳莫定其本莫定經中立言本意也。下釋經意是以經云非色者。誠以非此非乃破斥之義。色於色謂凡夫執色是質有故以非破斥其執。不非色於非色。上非色謂破斥下非色謂虛空言但破其色執不非破虛空。若非色於非色。返釋謂若非破虛空。太虛則非色。虛空非色相。非色何所明。虛空既非色縱破何所發明乎。下順釋。若以非色於色。上非色空也。謂以空破於色相即非色空也。不異色。此空不異色。非色不異色。牒上空不異色。色即爲非色。即了空不異色則色即是空矣。下依經會理。故知變即無相。正觀變時即達無相。無相即變。正無相時不妨觀變。羣情不同。以機不一。故教迹有異耳。執無相者故說觀變。執觀變者故說無相。考之玄籍。謂聖經。

本之聖意。本其聖人說法之意。豈復眞實智僞權智殊心空有二境異照耶。謂豈一心照無一心照有耶。是以下依心照境以顯不異。照無相實智不失撫會權智之功。即實之權。覩變動權智不乖無相實智之旨。即權之實。造有不異無。雖適生死而不動本際。造無不異有。雖證涅槃。而不捨度生。未嘗不有。未嘗不無。有無雙照。二諦恆存。故曰不動等覺而建立諸法。以此而推。寂用何妨。寂用二法有何相妨。如之何謂覩變之知。異無相之照乎。據理責迷。上廣答心異竟。下略答不取。恐談者脫也。或謂空有兩心。靜躁殊用。故言覩變之知不可謂之不有耳。上出迷執下正通前疑。若能捨己心謂己見。於封執取也。內尋玄機至理於事外。名相之外。齊萬有於一虛。等觀萬法。一味純真。曉至虛法身無相之非無徧一切處。者。當言至人終日應會。與物推移。謂隨順周旋也。乘運時也。撫化未始為有也。終日度生不見生之可度。此正有無齊觀。權實並運。○下結答返責。聖心若此。何有可取。而曰未釋不取之理。前別答不取竟。下決釋是當。又云無是乃所以為真是。無當乃所以為至當。亦可如來言耳。上印許來意。下示以忘情。若能無心於為是而是於無是。是者印物之心。是於無是則照而常寂。無心於爲當而當於無當者。當者當心之境。當於無當。則寂而常照。則終日是不乖於無是。不乖於是。則心空。終日當不乖於無當。不乖於當。則境寂。但恐有是於無是。執心未忘。有當於無當。執境未化。所以爲患耳。但恐執著之情未忘。所以爲患耳。何者。徹明執著。若眞是可是。至當可當。此則心境未忘。則名相以形。生心取著。故名相斯起。美惡是生。取捨情生。則愛憎橫發。生生奔競。攀緣取境。逐逐不休。孰與止之。自心妄動。誰與止之。此執著之患也。是以聖人空洞其懷。無識無知。聖人心包太虛。萬境斯寂。然居動用之域。而止無爲之境。處有名之內而宅絕言之鄉。雖爲而不爲。寂寥虛曠。莫可以形名得。超情離見非思量可知。若斯而已矣。聖心如此。乃曰眞是可是至當可當未喻雜旨也。聖人心境兩忘而以是當求之所以未喻來旨也。恐是當之生物謂之然。乃凡夫取著之妄見。彼自不然。彼聖心非常情可測。何足以然耳。以凡情而謂聖心之必然何足以知之。上通答隱顯五難竟○下結示離言。夫言迹之興異途之所由生也。尋名執相者依言取義分別情生正智昧矣。而言有所不言。以言而顯絕言之道。迹有所不迹。兎不在蹄魚本非筌。是以善言言者求言所不能言。善迹迹者尋迹所不能迹。

得義忘言得魚捨筌至理虛玄擬心已差擬心即錯動念即乖況乃有言恐所示轉遠名相不忘於理轉遠庶通心君子有以相期於文外耳唯忘言者可以意得息慮者可以心通若執言競辨嘵嘵何益哉

肇論略注卷五

明匡山沙門憨山釋德清述

涅槃無名論第四

涅槃無名論者。以所論者涅槃。故以為題。言涅槃者。梵語也。此云圓寂。謂五住究盡為圓。二死永亡為寂。乃寂滅一心之異稱。清淨法身之眞體。非死之謂也。以三世諸佛曠劫修因。證此一心之體。名為法身。以酬廣大之因。名為報身。隨機益物。名為化身。一切諸佛皆具三身。法身為體。化身為用。有感、即現。無感即隱。隱而不現。圓歸一心。攝用歸體名為入滅。是稱涅槃。非生死之謂也。以此一心。五住煩惱不能覆。故曰圓。二種生死不能羈。故云寂故教約出處。說有四種。一自性涅槃。謂即此一心。

名為法身偏一切處為諸法體名為自性本來寂滅所謂有佛無佛性相常住一切衆生本來滅度不復更滅故云自性涅槃二有餘涅槃謂三乘所證無明未盡變易未亡證理未圓三皆有餘故亦稱涅槃三無餘涅槃即修成之佛妄盡眞窮體用不二亦名所證無上大涅槃果故名無餘四無住涅槃謂一切聖人不處有為不住無為二邊不住中道不安動靜不二總名涅槃故云無住此四種名但約體用之稱其實一心名相俱寂故云無名所謂生死及涅槃二俱不可得故云無名是為不生不滅常住一心之都稱耳前不遷不眞為所觀之境般若為能觀之智三皆是因以此涅槃乃所證之果故

以為論

奏秦王表

什師入滅。論主追慕無已。因作涅槃無名論以稱述所證之德。不異於佛。以讚揚之。言雖以前般若乃能證之智爲因。涅槃爲所證之果。其意實爲什師而發。論成。表獻秦主。故首列其表文。

僧肇言。對人主而不稱臣者。以方外自處也。所謂不事王侯。高尚其事。天子雖尊。不以臣禮待之也。

肇聞天得一以淸。地得一以寧。君王得一以治天下。天得一等語。用老子。一謂大道之元也。老宗自然。名爲大道。論宗一心。同文義異。**伏惟陛下。叡**聖也。**哲**智也。**欽**敬也。**明。**謂明德。**道與神會。**道謂涅槃大道。秦王妙契。故曰神會。**妙契環中。**莊子樞得其環中以應無窮。謂秦王妙悟中道故。**理無不統。**以悟一心。則理無不攝。**游刃**語出莊子。庖丁解牛。迎刃而解。以喻妙智應物。則事無不理。**萬機。**

人君日有萬機弘道終日謂不以萬機以妨弘道。威被蒼生。垂文作則。法也。所以域中有四大而王居一焉。此美秦王能妙悟一心而具堯舜之德也。尚書叡哲舜德欽明堯德謂秦王不唯具堯舜之德且能契涅槃中道妙理統會一心。故雖日應萬機不妨弘道終日。用武興文為世明主所以域中四大而王居一焉。語出老子天大地大王亦大。此歎德也。

涅槃之道。蓋是三乘之所歸。三乘同證故曰所歸。方等之淵府。方等深經之究竟理趣故曰淵府。渺漭汪洋無涯。希夷離聲離色故。絶視聽之域。迴超見聞。幽致虛玄。幽妙之理致。虛靈絶待。殆甚也。殊也。非羣情淺識之所測。

此歎涅槃之道。爲衆聖歸趣。體絕名相。非見聞可及。絕待幽玄。故非淺識之可測也。

肇以人微。猥蒙國恩。得閑居學肆。幸列譯場在什公門下十有餘載。公十九見什。三十二歲而亡。雖衆經殊致。勝趣非一。然涅槃一義。常以聽習爲先。肇才識闇短。雖屢蒙誨喻。猶懷疑漠漠。無知貌。爲竭愚不已。亦如似有解。未爲必得其趣。然未經高勝先唱。不敢自決。

此論主自敘得法之由也。謂雖刻意涅槃一義。似有所悟。然未經高明勝智之人印證。故不敢自決。

不幸什公去世。諮參無所。以爲永慨。

此言什公業已入滅。咨决無由。再不復見斯人。故爲永慨。此所以有感。故作此論。

而陛下聖德不孤。獨與什公神契。目擊道存。快盡其中方寸。故能振彼玄風。以啟末俗。

此言秦主天挺聖智。獨與什公心相印契。妙悟不言之表。能力振什風。以開導末俗。意謂什公雖亡。幸有秦王可以印心也。

一日遇蒙答安城侯姚嵩書。問無爲宗極。

姚嵩亦秦之宗屬。以秦王先有詔云。夫道以無爲宗。姚嵩難云。不審明道之無爲。爲當以何爲體。蓋以涅槃乃無爲之道。秦主答有多說。以論所引正言涅槃。故下引其答義。以發論端。

何者。夫衆生所以久流轉生死者。皆由著欲故也。若欲止於心。卽無復於生死。既無生死。潛神玄默。亦作漠與虛空合其德。是名涅槃矣。既曰涅槃。復何容有名於其閒哉。

此引秦王答姚嵩問無爲宗極之辭。而指涅槃乃無爲宗極。而結以無名歸之。此論主所以爲茲論之發啟也。意謂生死乃有爲之法。而以著欲爲因。故感三界之苦果。若欲止於心。卽生死永斷。既無生死。則勞慮永息。潛神寂漠之鄉。絕然無爲。與虛空合其德。是名涅槃。然涅槃之道如此而已。豈容有名於其間哉。故以無名稱之。

斯乃窮微言指聖經。之美。極象外之談者也。此讚秦王無名之說。妙契佛心。自非道參文殊。謂契文殊之智。德侔慈氏。同慈氏之悲。孰能宣揚玄道。爲法城壍。言若非契二聖之智悲。何以弘揚妙道。外護三寶。使夫大教卷而復舒。幽旨淪而更顯。意謂涅槃大教得什公闡明。今什公已亡。則妙旨已淪。今幸有秦王發明。故曰卷而復舒。淪而更顯。尋玩殷勤。不能暫捨。欣悟交懷。手舞弗暇。豈直當時之勝軌。方乃累劫之津梁矣。論主述其慶法之歡。謂其言不但爲一時雅範。且爲長劫津梁。然聖旨淵深也。玄。

妙也。理微幽微。言約簡也。可以匠法也。彼先進循學之人。拯援引也。拔提也。高士高尚之士。懼言題之流執言語名字之流。或未盡上尊人主爲上。意庶近也。擬擬議。孔易十翼之作伏羲畫卦。文王爻辭。周公繫辭。孔子作十翼以贊之。即上彖下彖等。豈貪豐文非貪豐富其文。以誇其美。圖以弘顯幽旨。圖以弘揚顯發涅槃之幽旨。輒作涅槃無名論。論有九折十演以法十翼。博廣也。采取也。衆經。託取託。證印證。成喻。以仰述陛下無名之致。豈曰關詣神心非敢關涉聖神之心。窮究遠當亦不敢言窮究高遠必當之理。聊以擬倣效也。議軌則玄門涅槃玄門。班喻學徒耳布曉後學耳。論末章云。秦王答姚嵩書末章。諸家通第一義諦。皆云廓然空寂無有聖人。此時諸家計勝義空寂不容有聖。吾常以爲太甚徑庭。莊子語。意謂太甚邈遠。不近人情。若無聖人。知無者誰。吾常下。秦王答姚嵩之辭。謂無聖之說。與理乖差。其言邈遠。不近人情。若無聖人。知無者誰。意必有聖爲證理之人。實如明詔。實如明詔。此論主印可秦王有聖之談。當理。故再稱之。夫道恍惚窅冥。其中有精。二語用老子。恍兮忽。其中有物。窅兮冥。其中有精。意指精者。卽爲聖人。似未穩當。若無聖人。誰與道游。意謂能證聖諦第一義。是爲聖人。非聖義諦中有聖人也。下云出處異號。故云與道遊。頃諸學徒。莫不躊躇。不進之貌。道門。

怏怏不決之意。此旨懷疑終日莫之能正。謂一時學人聞無聖之說皆猶豫不進於入道之門不決此理。故懷疑終日無與正者。幸遭逢也。高判宗徒儚裂帛聲。然謂幸逢秦王有聖之論。乃高遠判決。故宗徒之疑儚然盡裂。扣關入道之人。之儔蔚盛貌。登玄室言一時學人聞秦主之論。其疑盡決。扣關入道之人。蔚然登堂入室。眞可謂法輪再轉於閻浮。道光重映於千載者矣。謂當時之疑無能決之。即有談者未必見信。幸遇王言其出如綸。故無不宗仰。一言之重。可謂法輪再轉。道光重映矣。今演論之作旨。曲辨涅槃無名之體。寂止息也。彼廓然排方外之談。方外謂遊方之外。謂學佛者。當時流輩。有宗廓然無聖者。遂起斷見。謂絕無聖人因排斥聖爲權現非眞撥無因果恥修行者以爲著相是以喧然以爲得莫能正者今幸秦主答嵩書云若無聖人誰與道游卽此一言使偏見之流邪說頓息使嘵嘵者寂然無聲故重演之以助明教條牒如左謹以仰呈若少參也合聖旨願勅存記如其有差伏承指授僧肇言論呈秦王覽之答旨慇懃備加讚述勅令繕寫班諸子姪其爲人主推重如此

泥曰泥洹涅槃此三名前後異出蓋是楚夏不同耳云涅槃音正也五竺梵音不同如此方之楚夏蓋以涅槃爲正音也

九折十演者

折謂折辨有名立難。演爲敷演。無名通理。謂其難有九。而演有十也。意蓋以涅槃有名而難以無名而答。以顯無名之理。

開宗第一

開示涅槃無名之正義。爲下答難之綱宗。亦猶四論之宗本也。一論大旨。不出此章。將顯無名之致。先標有名以彰宗依也。教說涅槃有四。今但稱二名。以自性約理。無住約行。二者有名無實。故不必論。今二涅槃約人以名。無餘乃如來所證。有餘乃三乘所證。今論指佛應緣未盡。有名有實。將爲宗依。故但稱二也。今詳論主立意。前尊秦王若無聖人誰與道游之詔。以破邪宗廓然無聖之流。以爲發論之端。今標二種涅槃以爲論宗。蓋謂能證之人有實。所證之理無名。故依之以立論也。

無名曰。假設通答之人。如子虛無是公也。經稱有餘涅槃無餘涅槃者。秦言無爲亦名滅度。梵語一名。翻有二義。無爲者取乎虛無寂寞。離名絕相。妙絕於有爲。滅度者。言其大患永滅。老子云。吾所以有大患者。爲吾有身。今指分段變易二種生死。二死永亡。故云大患永滅。超度四流。四流。謂欲流。有流。見流。無明流。爲二死之本。斯蓋是鏡像之所歸。鏡像。楞伽經云。譬如明鏡現衆色象。現識處現亦復如是。謂一切衆生身心世界。皆唯識所現。乃八識相分。攝相歸性。元是眞如。故云鏡像之所歸。絕稱之幽宅也。以離名故絕稱。離相故言幽宅。而曰有餘無餘者。既離名相。又有有餘無餘二名者。良是出處之異號應物之假名耳。言涅槃者。蓋一眞法界法身之眞體也。證此法身。是稱爲佛。機感必應。卽現身說法。故爲出。緣畢而隱。攝相歸體。故爲處。故一切諸佛。以現身爲有生。以緣滅爲涅槃。殊不知滅元不滅。如云餘國作佛更有異名。所謂應物之假名也。余嘗試言之。下正廣論無名之旨。夫涅槃之爲道也。寂寥虛曠。其體寂滅。不可以形名得。離名字相。微妙無相。不可以有心知。離心緣相。超羣有以幽升。高超三界。戢無不斷。量太虛而永久。永證無爲。眞無不極。隨之弗得其蹤。未來無終。迎之罔眺其首。過去無始。六趣不能攝其生。五住究盡。力負無以化其體。二死永亡。潢漭。水無涯貌。謂汪洋無涯。惚恍。言非有非無。不可以定名。若存。生而不生若往。滅而不滅五目謂肉眼天眼法眼慧眼佛眼。不覩其容。無狀無相以離色故覩之而不見。二聽謂肉耳天耳。不聞其響。以離聲故不可聞。冥冥窅。冥冥不可見。窅深貌。窅窅不可窺。誰見誰曉。彌綸充滿包羅之義。靡無也所不在而獨曳超脫也。於有無之表。然則言之者失其真。言生理喪知之者反其愚非智可知有之者乖其性。若執是有則違寂滅之體。無之者傷其軀。法身流轉五道名曰眾生。若執是無則墮斷滅。所以釋迦掩室於摩竭。佛初成道三七思惟而不說法。淨名杜口於毘耶。文殊問維摩不二法門。維摩默然。須菩提唱無說以顯道。釋梵絕聽而雨華須菩提巖中晏坐。帝釋散花供養。謂其善說般若。尊者以無說而說。天帝以無聞而聞。斯皆理為神御不言之道。唯證乃知。故曰以之而默。豈曰無辯。辯所不能言也四辯不能談其狀。經云。真解脫者。離於言數象也。寂滅永安生滅已滅。無始無終非生非滅。故無始終。不晦不明寂光常照。不屬晦明。不寒不暑非遷流之法。不屬時分。故不寒不暑。湛若虛空法身清淨。湛然常寂。猶若虛空。無名無說離相故無名。離言故無說。此義引涅槃淨名等經。論曰。涅槃非有亦復非無。言語道斷。心行處滅口不能言故。言語道斷。心不能思故。心行處滅。尋夫經論之作上引斯論。立言本意。豈虛搆哉言非虛稱架空之談。果實也。有其所以不有故不可得而有。本來非有。有其所以不無故不可得而無耳。亦復非無。何者。徵釋非有非無之所以。本言尋究也。之有境則五陰永滅。不屬生死。故五陰永滅。不可得而有。滅則離苦。乃樂德也。推言推測也。之無鄉而幽靈不竭。雖絕見聞。而幽深窅眇。靈知獨照。至眞常存。此眞我德也。幽靈不竭則抱一湛然。一眞之地。湛然常寂。此眞常德也。五陰永滅則萬累都捐。永離生死。則眾惑俱消。此眞淨德也。萬累都捐故與道通洞。由其惑淨。故內冥至理。抱一湛然故神而無功。由其體常寂。而妙用無方。故神而無功。神而無功故至功常存。無心而應。故功垂不朽。與道通洞。故沖而不改。由惑盡眞窮。故沖深而不變。沖而不改。故不可爲有。由體虛不變。故不可爲有。至功常存故不可爲無。以隨緣應現。利樂無窮。故不可爲無。然則下總結離名離相。有無絕於內以其體至眞寂用一源。故內絕有無。稱謂淪泯絕也。於外不可以名字加之。故稱謂泯絕視聽之所不曁。及也。非色非聲。故視聽不及。四空之所昏昧。四空天人迷而不知。故所昏昧。恬焉而夷平等一如。怕焉而泰。寂而常照。無幽不鑒。九流於是乎交歸。九流非世之九流。乃指九界衆生。以涅槃乃一切衆生之本源。故曰交歸。衆聖於是乎冥會。十方諸佛究竟之鄉。故云冥會。斯乃希夷之境。非見聞之境。太玄之鄉。玄之又玄。故云太玄。而欲以有出入有無無題榜標指也其方域。謂以涅槃為諸聖出生入死之名。特以有無之名題榜標指其方所。而語其神道者以此為得者。不亦邈遠也哉。

覈體第二

此有名興難。乃折之一也。因前云涅槃之體非有非無。故今折之。體竟何在。故云覈體。謂即有餘無餘之名。以責有實體。非無名也。

有名曰名家按名以責實。故興折難。夫名號不虛生。謂有名必有實。豈有無實而彰名者。稱謂不自起。凡名不自名。必因人見有可稱。乃稱其名。經稱有餘涅槃無餘涅槃者。蓋是返本之眞名。非是虛稱神道之妙稱神道之妙。無可稱之。故以涅槃名之。是爲妙稱者也。請試陳之。謂按涅槃有餘無餘之稱。是則涅槃有名也。何言無名。先論有餘興難有餘者。謂如來大覺始興法身初建。

此因有餘以定名。先舉果德以彰因行有餘也。他處有餘。皆依三乘之人。證理未圓。斷惑未盡而說。今此論中。單約佛果利生。有餘緣未盡而說。詳論文義。蓋是權教三十四心斷結成佛之果號。乃小乘所見之佛。非法報冥一之極果。蓋依小乘見有出生入死。以立難也。今言如來。乃十號之一。謂乘如實道而來三界。大覺乃就德立稱。謂如來自覺覺他。覺行圓滿。三覺已圓。故稱大覺。然此大覺乃報身之稱。今論通稱權敎之佛。亦是大覺約總德也。法身非淸淨法身。乃權敎之佛。五分所成之法身。謂戒定慧解脫解脫知見此五法熏成之身也。始興初建。蓋指應身初現。六年苦行。於鹿野苑初成正覺。非菩提場爲初成也。

澡八解之淸流。憩七覺之茂林。

此下正舉佛果已成。返彰因行也。八解者。一內有相外現色。二內無色相外現色。三淨解脫。四空處定。五識處定。六無所有處定。七非非想處定。八滅受想定。此八有斷惑之能。故如淸流有浣濯之用。憩者休息也。七覺支謂擇法。進。念。定。喜。捨。倚此七覺法。如來修習已圓。安逸其中。故如休息於茂林之下也。此上言果滿。下顯因圓。

積萬善於曠劫。蕩無始之遺塵。

此讚佛因行。曠大劫來。廣修萬善。蕩洗滌也。無始無明煩惱。洗滌無遺。

三明鏡於內。神光照於外。

內證三明。謂過去宿命明。未來天眼明。現在漏盡明。由具三明。故了知三世。鑒機說法。曲盡隨宜。

結僧那於始心。終大悲以赴難。

梵語僧那。此云弘誓。謂菩薩最初發心。先發四弘誓願。故云始心。及至成佛。專以利生爲事。故云赴難。謂拯八難也。

仰攀玄根。俯提弱喪。

因中上求佛果。以實智證理。故云仰攀玄根。權智化物。故曰俯提弱喪。言衆生沈迷。猶自幼亡家。故云弱喪。

超邁三域。獨蹈大方。

三域謂三界。謂佛能遠超三界。高證無爲。大方。喩所證之理。小乘獨許悉達成佛。故云獨蹈。

啟八正之平路。坦衆庶之夷途。

八正。即八正道。謂正見正思惟等。由佛開啟衆庶。庶孳也。即指諸異見外道。夷途應作邪途。唯佛能坦之。

騁六通之神驥。乘五衍之安車。

言佛以六通御物。如騁神駿。五衍。梵語衍那。此云乘。謂界內人天。出世三乘。共有五乘。應機說法。運載衆生至無畏處。故云安車。

至能出生入死。與物推移。

言如來應機利物。有感卽現。緣盡卽滅。故云出生入死。隨順機宜。故云推移。楚辭聖人與世推移。而不凝滯於物。

道無不洽。德無不施。

一雨普潤。無不充洽。

三檀等施。物無不利。

窮化母之始物。極玄樞之妙用。

化母謂造化生物以喻因緣生法謂一切諸法從因緣生故云始物玄樞實智妙用權智卽實之權故云極。

廓虛宇於無疆耀薩雲於幽燭。

昭廓心境徹法界之量故云無疆梵語薩雲若此云一切智謂以一切智照盡微塵刹土盡見衆生心數故云幽燭。

將絕朕於九止永淪太虛。

上言應緣益物此言緣盡入滅朕謂朕兆物始萌之微也九止卽九地謂地乃佛之行履今化緣已畢將絕跡於化境永淪太虛指無餘涅槃。

而有餘緣不盡。餘迹不泯。

度生之緣未盡。教道之跡未圓。故云不泯。

業報猶魂。聖智尚存。此有餘涅槃也。

按此二語。論中立難有餘涅槃。正指三藏果頭佛也。所謂同除四住。此處爲齊。若伏無明。三藏則劣。以無明未盡。異熟未空。故云業報猶魂。尚須智斷。故云聖智尚存。以二皆有餘。立難以此。

經云。陶冶塵滓。如鍊眞金。萬累都盡。而靈覺獨存。

此結證有餘涅槃也。約塵滓之言陶應是匋。謂洗也。冶。鎔冶銷融也。塵滓喻煩惱。如銷眞金。先去鑛垢。

無餘者。謂至人教緣都訖。靈照永滅。廓爾無朕。故曰無餘。

此下言無餘涅槃也。謂聖人由機教相扣。故現身三界。機教俱盡。故潛耀斂輝。靈照永滅。永滅應跡俱絕。故廓爾無朕。如薪盡火滅。故云無餘。

何則。夫大患莫若於有身。故滅身以歸無。勞勤莫先於有智。故絕智以淪虛。

何則下。徵釋無餘之所以也。蓋以身智為累。故俱滅為無。是為無餘。此正小乘所見也。大患莫若於有身。老子云。吾所以有大患者。為吾有身。若吾無身。吾有何患。以厭患其身。故滅身以歸無。又云絕聖棄智。謂因智以勞形。故絕智淪虛。故心逸而無累。

然則智以也。因形倦形以智勞。輪轉脩途。疲而弗已。

智則分別執取。形則根塵和合。起惑造業。故輪轉生死。長劫不返者。身心之過也。

經曰。智爲雜毒。形爲桎梏。淵默以之而遼。患難以之而起。

此引證智形爲累之所以也。智卽起信六麤之智相。乃分別執取。爲無明三毒煩惱之本。故爲雜毒。桎梏刑器。乃形累之譬。桎拘足。梏縛手。形骸拘攣。亦猶是也。謂分別情生。故與淵默之理相遠。生死苦患因之而起。此智之過也。

故聖人釋智遺形。所以免累。

所以至人灰身滅智。捐形絕慮。內無機照之勤。外息大患之本。

聖人因知形智之累。故灰身歸無。以捐其形。滅智淪虛。故忘緣絕慮。由絕慮故。內無機照之勤。勤勞也。由捐形故。外息大患之本。身心兩忘。所以大患永息。生死頓超。

超然與羣有永分。渾爾與太虛同體。

形智俱亡。則生死永絕。高超三界。故與羣有永分。心與理冥。返一絕跡。故渾與太虛同體。

寂焉無聞。怕爾無兆。冥冥長往。莫知所之。其猶燈盡火滅。膏明俱竭。此無餘涅槃也。經云。五陰永盡。譬如

燈滅

此結屬無餘涅槃之相也。謂涅槃之體無聲故寂焉無聞。無色故怕爾無兆。泯絕見聞。故冥冥長往。莫知所之。之猶往也。形智俱泯。故如燈盡火滅。膏明俱竭。以竭盡無餘。故云無餘涅槃。下引經證此。乃小乘偏空涅槃也。蓋論意折辭。皆約小乘起見故難。其答以大乘正義。故以破偏執也。

然則有餘可以有稱。無餘可以無名。無名立。則宗虛者欣尚於沖默。有稱生。則懷德者彌仰於聖功。斯乃誥典之所垂文。先聖之所軌轍。

此舉益將以結難意也。如上有餘無餘之說。則若有若無。皆可指陳。若無名立。則使小乘崇虛者。欣然趣尚於沖默虛無之理。若有名可稱則令大乘懷聖德者益觀其功。此讚述有無皆不失理。此乃聖經誥典之垂文。先聖隱顯化物之軌轍。故下責之曰。

而曰有無絕於內。稱謂淪於外。視聽之所不覽。四空之所昏昧。使夫懷德者自絕。宗虛者靡託。無異杜耳目於胎殼。掩玄象於霄外。而責宮商之異。辯玄素之殊者也。

此指本論責其乖理也。難者意謂若有名可稱使懷德者有所歸。無名既立。則令崇虛者有所託。今如所論有無雙絕。稱謂俱喪。如此。則懷德絕分。崇虛者無憑。雖云玄妙。但非見聞之境。何異杜耳塞耳目於胎瞉。爲生盲生聾之人。玄象。指日月。且又掩日月之光如長夜。而責之以辯宮商之音。別玄素之色者。不亦遠乎。

子徒知遠推至人於有無之表。高韻絕唱於形名之外。而論旨竟莫知所歸。幽途故自蘊而未顯。靜思幽尋。寄懷無所。豈所謂朗大明於冥室。奏玄響於無聞者哉。

此結責違理。以明無益也。謂子言涅槃之道。超出有無稱謂之外。徒知高推聖境。迥絕形名。而論之旨趣。畢竟莫知所歸宿。涅槃幽眇之途。自是蘊覆而未顯發。名家謂我靜而思之。幽而尋討之。茫然寄懷無所依託。非所謂朗涅槃大明之道於重冥之室。使其共見奏玄響於絕聽之地。令其共聞者哉。謂是欲明而返暗。欲通而返塞也。

位體第三

位。猶安也。亦立也。因有名數體。寄懷無所。故無名答以位之。發明聖人非出生入死而稱有餘無餘。蓋法身隨緣隱顯以答之。

無名曰。據難以答。有餘無餘者。蓋是涅槃之外稱。應物之假名耳。

由前難云。涅槃乃神道之妙稱。返本之眞名。故今答意直以應物之假名以破之。即此一言。盡袪其迷。

而存稱謂者封名。志器象者耽形。名也極於題目。形也盡於方圓。方圓有所不寫。題目有所不傳。焉可以名於無名。而形於無形者哉。

此破離者妄執之情也。稱謂名也。形乃相也。然名相乃依他緣起。爲偏計所執。若封名志相。蓋偏計之執未忘。故名不能超題目之虛稱。形不能出方圓之假象。若了依他性假。則偏計體空。而圓成實性。離名離相。則形有所不能顯。名有所不能傳。是爲超情離見。非常情之境。無形無名之道。安可以形名求之哉。涅槃無名之義。於是乎顯矣。

難序云。有餘無餘者。信是權寂致立也。教之本意。亦是如來隱顯之誠跡也。上縱下奪。但未是玄寂絕言之幽致。又非至人環中之妙術道也。耳。言但是聖人應化隱顯之跡。非返一絕跡之道也。子獨不聞正觀之說歟。維摩詰言。我觀如來無始無終。六入已過。三界已出。不在方。不離方。非有為。非無為。不可以識識。不可以智知。無言無說。心行處滅。以此觀者。乃名正觀。以他觀者。非見佛也。

此正示如來法身眞如實際。超三世。離根量。出三界。徧一切處而無方所。不屬有無分別。非思議之境豈可以有餘無餘假名稱謂可盡其量哉。

放光云。佛如虛空。無去無來。應緣而現。無有方所。

引證上義以顯自性涅槃也。經云佛眞法身猶若虛空。應物現形。如水中月。故云應緣而現。無有方所。

然則聖人之在天下也。寂莫虛無。無執無競。導而弗先。感而後應。

此承上經義以明無住涅槃也。以法身徧在一切處。一切衆生及國土。故云之在天下。三世悉在無有餘。亦無形相而可得。故云寂寞虛無無競諍也。有諍說生死。無諍說涅槃。生死及涅槃。二俱不可得。

故云無執無競。此言眞身也。導而弗先等。言應身隨緣也。寂然不動。故導不能先。感而遂通天下之故。故云感而後應。

譬猶幽谷之響。明鏡之像。對之弗知其所以來。隨之罔識其所以往。恍焉而有。惚焉而亡。此釋鏡像喻。動而逾寂。隱而彌彰。出幽入冥。變化無常。

此正喻顯無住義也。谷鏡喻法身虛明湛寂之體。臨照呼聲喻感應之機。像喻現身。響喻說法。不知所以來。不住有餘也。不識所以往。不住無餘也。其猶月映千江。隨方各應。而本體湛然。故云動而逾寂。風吹萬竅。羣響並作。而谷體愈虛。故云隱而彌彰。此所以出有入無。幽冥莫測。變化無常。以此名爲無住涅槃也。

其爲稱也。有餘無餘之名。因應而作，顯迹爲生，息迹爲滅。生名有餘，滅名無餘。

此釋有無之稱，乃應物之假名耳。故云因應而作。但顯化爲生，生名有餘；緣息爲滅，滅名無餘。

然則有無之稱，本乎無名。無名之道，於何不名。

有無乃應物之跡，無名爲本。是則名出於無名，從本垂迹。何所不名哉。但不可執跡以昧其本耳。

是以至人居方而方，止圓而圓，在天而天，處人而人。

原夫能天能人者，豈天人之所能哉。果以非天非人，故能天能人耳。

言聖人安住無名法身之體。而應用無方。無刹不現。豈天人所能哉。由其超出人天。故能天能人耳。

其爲治化也也。故應而不爲。因而不施作也。因而不施。故施莫之廣。應而不爲。故爲莫之大。

此言卽實之權。故其用廣大也。治爲教化衆生。以待感而應。故不强爲。因機說法。待扣而說。故但因之而無施作。以作則有心也。以無心而施。故大地齊扣。一時普應。故莫之大。以不爲而應。故十方偏感。一身普應。故莫之廣。

此所爲其用廣大也。

爲莫之大。故乃返於小成。施莫之廣。故乃歸乎無名。

此言卽權之實以顯體微也。小成語出莊子。道隱於小成。彼言大道在人。而所成者自小耳。此言小成。謂返一絕跡也。謂以無爲而爲。故大而絕跡。無心而作。故廣而無名。由卽權以顯實。故不可以有無之名求之耳。

經曰。菩提之道。不可圖度。高而無上。廣不可極。淵而無下。深不可測。大包天地。細入無間。故謂之道。然則涅槃之道。不可以有無得之。明矣。

此引證用廣體微之義也。經乃太子本起瑞應經。謂菩提之道。其體微妙。非言思境。故不可圖度。其用廣大。故極上極下而不可測。然雖包天地而細入無間。故極廣大而盡精微。以此而推。則涅槃之

道不可以有無之
跡而得之者明矣。

而慼者覩神變因謂之有見滅度便謂之無有無之
境妄想之域豈足以標榜玄道而語聖心者乎。

此解慼責迷也由上言涅槃之道體用微妙不可
以有無得之故此責其慼者不達覩其神變即謂
之有見滅度即謂之無故說有餘可以有稱無餘
可以無名殊不知有無之境乃妄想之域豈足標
示涅槃之妙道而語聖心者
乎其實法身體中有無雙絕

意謂至人寂怕無兆隱顯同源存不為有亡不為無

此示法身極證將解慼者之迷也謂法身寂滅無
為不墮諸數故寂怕無兆隱顯同源眞應不二故

雖生而不生。故存不爲有。

雖滅而不滅。故亡不爲無。

何則。徵釋上二義。　佛言。吾無生不生。雖生不生。無形不形。雖形不形。以知存不爲有。

此引證存不爲有也。佛言者。乃義引般若涅槃經語。言無生不生者。謂無一衆生之類而不示生也。無形不形者。謂無一類之形而不受也。不唯人天六道。乃至異類鬼神。總之四生一十二類。無處不入也。此乃法身普應。其體湛然不動。故雖生而不生。雖形而不形。所以存不爲有也。

經云。菩薩入無盡三昧。盡見過去滅度諸佛。又云。入於涅槃而不般涅槃。以知亡不爲無。

此引證亡不爲無也。經乃晉華嚴經。即安住長者成就法門名不滅度。所得三昧名無盡佛性。唐譯名佛種無盡。三昧。此云正思。亦云正受。無盡者。以佛性無盡。故入此三昧。見三世佛亦無盡。以此圓宗。三世互現。故義引盡見過去滅度諸佛。楞伽云。無有佛涅槃。亦無涅槃佛。故云入於涅槃而不般涅槃。以此故知亡不爲無。

亡不爲無。雖無而有。存不爲有。雖有而無。雖有而無。故所謂非有。雖無而有。故所謂非無。然則涅槃之道。果出有無之域。絕言象之徑。斷矣。

此躡前以明雙非。以顯無住。由是而知涅槃之道。實超有無之境。絕言象之路。斷然明矣。又何以生

死去來有無稱謂而擬議哉○上通答有
無以破其惑下别破勞患以祛生滅之見

子乃云聖人患於有身故滅身以歸無勞勤莫先於
有智故絕智以淪虛無乃乖乎神極傷於玄旨者也

此敘計責迷也由上發揮涅槃超情離見迥出言
象有無之外而名家妄以厭患生死而以滅身絕
智為無餘故責之曰若子之所云聖人云云者豈
不乖違於法身神極之理傷於涅槃之玄妙旨趣
者乎○下
引經極成

經曰法身無象應物而形般若無知對緣而照

此引經證聖人身心本無勞患何有也晉華嚴三
十二略云清淨法身非有非無隨眾生所應悉能

示現。此證無身而現身。無身可厭也。般若無知下。義引般若無心而照。證無智可勞也。下明不但身心兩忘。抑且身心雙寂。

萬機頓赴而不撓其神。千難殊對而不干其慮。動若行雲。止猶谷神。豈有心於彼此情係於動靜者乎。

此明無心應物。以釋無智可勞也。萬機頓赴如月照萬川。有何撓其神。千難殊對。如一雨普潤。又何干其慮。華嚴云。假使無量阿僧祇眾生。一一各具阿僧祇口。一一口具阿僧祇舌。一一舌出阿僧祇問難。而菩薩以一言演說。盡答無餘。今言千難猶小小耳。以無心而動。故若行雲。虛而常寂。故止若谷神。谷神語出老子。謂虛而能應也。聖人如此。豈有心於彼此情係於動靜者乎。此無心而應。有何智可勞乎。

既無心於動靜。亦無象於去來。去來不以象。故無器而不形。動靜不以心。故無感而不應。

此明非形現形。故無身可患也。言既無心動靜。則無身生滅。有何去來。由其身心兩亡。故能隨緣普應。故無器不形。無感不應。如此。又何有身可厭患乎。

然則心生於有心。象出於有象。

此言聖人無心生心。無相現相也。謂聖人本自無心。以衆生心爲心。聖本無相。因衆生願見。故應之以相。是以身心如幻。患累何生。下釋無患。

象非我出。故金石流而不燋。心非我生。故日用而不動。紜紜自彼。於我何爲。

言聖人無我故無患。雖流金爍石而不燋。無心故日應衆緣而不動。以紜紜自彼。於我何爲。又何患乎。

所以智周萬物而不勞。形充八極而無患。益不可盈。損不可虧。寧復痾癘中逵。壽極雙樹。靈竭天棺。體盡焚燎者哉。

此示無患之所以。將斥小乘之見也。以無心而應。故智周而不勞。以無身而現。故形充而無患。經云。

法身徧在一切處。一切眾生及國土。故益不可盈。三世悉在無有餘。亦無形相而可得。故損不可虧。聖人之身心如此。下斥小見。豈有痾癘中逵。此痛背之事。阿含經說。如來向拘尸羅城中路背痛。令弟子四疊僧伽黎。樹下休息等。如來雙樹入滅。故云壽極天棺。乃佛之葬儀。焚燎乃火化等。此乃小乘見應化佛有生死去來之跡。而不知法身常住。豈可以此爲無餘涅槃哉。

而惑者居見聞之境。尋殊應之迹。秉執規矩而擬大方。欲以智勞至人。形患大聖。謂捨有入無。因以名之。豈謂採微言於聽表。拔玄根於虛壤者哉。

此結責迷情也。如上所談至人身心如此之妙。而惑者不知。以生滅見聞之境。求隨應之跡。而擬議法身。其猶執規矩方圓而擬度太虛。將欲以智與形可以勞患聖人。即以生死捨有入無名為涅槃。如此之小見。豈是超視聽之表得法身之理哉。玄根意指法身虛壞意指寂光。此非尋常見聞可及也。

徵出第四

徵責也。以前云涅槃之道。果出有無之境。徵意云有無二法。攝盡一切。如何有無之外。別有涅槃之體。今詳徵辭。包舉儒老有無之說。復引小乘有無為例。以詰難之。

有名曰。夫渾元剖判。萬有參分。有既有矣。不得不無。無自不無。必因於有。所以高下相傾。有無相生。此乃自然之數。謂理數。數極於是。

此言有無相生。以爲定有定無也。渾元乃混沌一氣未分之前。名太極無極。謂本無也。及陰陽初判。兩儀既分。而人居中。是爲三才。謂一生二。二生三。三生萬物。故曰萬有參分。是謂有也。有既有矣。變化遷訛。四時代謝。不得不無。且無不自無。必因有以成無。只如寒中無暑。暑中無寒。日中無暗。暗中無日。晝夜相代。所以高下相傾。譬如四時成功者退。有無相生。此乃自然必定之理。天地之理數極盡於是而已矣。

以此而觀。化母所育。理無幽顯。恢大也。恑奇也。憰詐也。怪天也。無非有也。有化而無。無非無也。然則有無之境。理無不統。

謂歷觀化母所育。化母指一氣生成萬物。故云所育。凡在陰陽所生之物。無論恢恑憰怪。皆是有也。有形之物必歸變滅。故云有化爲無。此則實實是無。故云無非無也。以此而知有無之境。理無不統。

此則世間之法。不出有無。

經云。有無二法。攝一切法。又稱三無爲者。虛空。數緣盡。非數緣盡。數緣盡者。卽涅槃也。

此引出世三乘之法。亦以有無統之也。三無爲者。乃唯識六種無爲之三也。按百法解。虛空無爲。乃喻眞如之理。猶如虛空。其體常住。擇滅無爲。乃二乘涅槃。析色所證。謂因慧數揀擇而證滅故。非擇滅者謂圓成之理本來寂滅不復更滅故非擇滅卽非數緣滅新疏以非數緣滅謂諸法緣離自滅同前儒老自有入無似非論義難家通以無爲爲涅槃今聞有無之外別有妙道所以立難

而論云有無之表別有妙道妙於有無謂之涅槃請覈妙道之本體也果若有也雖妙非無雖妙非無卽入有境果若無也無卽無無差無而無差卽入無境總而括之卽而究之無有異有而非無無有異無而非有者明矣

此申難意謂三教之理世出世間有無之法該括殆盡而今論云有無之外別有妙道名爲涅槃是

所難信也。請覈下。正出難意。謂妙道之體。果實是有。雖妙亦定有。定有即入有境。若妙道果實是無。則必定無。即入無境。以此總萬法而括之以理。即教以究其元。不出有無之外。豈有異有而又言不無。異無而又言不有者耶。

而曰有無之外別有妙道。非有非無謂之涅槃。吾聞其語。未即於心也。

此難家責違也。謂非有非無之說。其論雖妙。吾聞其語而已。未愜於心。實所未悟也。

超境第五

境。即上難家有無之境。謂根塵爲有。小乘灰滅取爲涅槃。是稱爲無。今演大涅槃。超卓有無以破其執。

無名曰。有無之數。名也。誠以法無不該。理無不統。縱也。然其所統。俗諦而已。大品云。菩薩以世諦故。示眾生若有若無。非第一義。故云俗諦。唯識百法該世出世。然皆有我。故稱為俗。

經曰。眞諦何耶。涅槃道是。俗諦何耶。有無法是。此引證世出世法通名俗諦。

何則。徵明有無皆俗諦義。有者有於無。無者無於有。有無所以稱有。無有所以稱無。

此則有無相形也。本無生死而今有之。本無身心而今有之。此有者有於無耳。二乘之人灰滅身心。超脫生死而證無爲。是以無者無其有耳。是以有其所無故稱有。無其所有故稱無。此相待相形。故爲俗也。

然則有生於無。無生於有。離有無無。離無無有。有無相生。其猶高下相傾。有高必有下。有下必有高矣。然則有無雖殊。俱未免於有也。

釋成有無相生。如高下相傾。是則有無之名雖殊。俱未免於有。故所以爲俗耳。

此乃言象之所以形。是非之所以生。豈是以統夫幽極擬夫神道者乎。

此結責有無既形於言象。必生其是非。未爲一定之理。豈足以統攝幽妙之極致。而擬議涅槃之神道乎。

是以論稱出有無者。良以有無之數也。名止乎六境之內。六境之內非涅槃之宅。故借出以祛遣之。

此正明出意也。謂涅槃之道超出有無者。良以有無之名。止乎六境根塵之內。以根塵生滅之法。非涅槃不生不滅之致。故假借一出字。以遣執迷之情耳。殆非出此之外。別有一有可居也。

庶悕道之流髣髴也。比擬幽途託情絕域得意忘言體其非有非無豈曰有無之外。別有一有而可稱哉。

此勉玄悟忘情也。所以言超出者。冀望學道之流。因言比量涅槃之妙。寄心於忘情絕證之域。得意忘言。悟其非有非無耳。豈是有無之外。別有一有可稱謂哉。執言昧旨失之甚矣。

經曰三無爲者。蓋是羣生紛繞生乎篤患。篤患之尤。莫先於有。絕有之稱。莫先於無。故借無以明其非有。明其非有。非謂無也。

此斥迷也。經言三無爲者。蓋因衆生生死往來紛紛繞繞而不停者。生乎根塵爲篤患之本也。而篤患之甚者。莫先貪著執有之情也。若欲絕其貪著之心。莫先於涅槃之無。以爲安逸之宅。因此故借一無字以明其生死之法中非有耳。此意但只明其根塵虛妄。本不是有。非是絕無爲無也。此言揀有二義。一揀涅槃非有無攝。二揀爲無之無。非二家所計之無。

肇論略注卷六

明匡山沙門憨山釋德清述

搜玄第六

此承無名言涅槃之道妙出有無。故名家搜之。搜。尋求也。

有名曰。論自云涅槃既不出有無。又不在有無。引論意。不在有無則不可於有無得之矣。不出有無則不可離有無求之矣。求之無所便應都無。

此名家按賾興疑也。上云良以有無之數等是不出有無也。前云果出有無等是不在有無也。以不在故。不可即而得之矣。不出。則不可離而求之矣。於即離之間求之。而所求不可得。便應都無。豈以斷滅為妙道乎。

然復不無其道。其道不無。則幽途可尋。所以千聖同轍。未嘗虛返者也。其道既存。而曰不出不在。必有異旨。可得聞乎。

既云不出不在。然又不無其道。是則妙道可尋。足知千聖一軌。同歸一極。未嘗虛返者也。然其道既存。則有所可指。而曰不出不在。使人趣向無所。必有異旨。可得聞乎。

妙存第七

不出不在曰妙。體非斷絕曰存。乃無住之深趣。存乎不即不離之間。故曰妙存。雖云妙存。正顯無住。

無名曰。夫言由名起。名以相生。相因可相。無相無名。無名無說。無說無聞。

此意責名家執名相以求無言之妙道。故就有無以求之。非得無言之旨也。謂凡言說從名相而起。名相從妄想而生。故曰相因可相。若名相兩忘。則言說俱無。言說既無。則從何所聞。然此涅槃妙道。本無言說。子於何而得聞乎。

經曰。涅槃非法。故不在。非非法。故不出。無聞無說非心所知。吾何敢言之。而子欲聞之耶。

此正申責意也。由名象家云。不出不在。必有異旨。可得聞乎。故此引經證涅槃本不可說。亦非可聞也。經即本經二十一略云。涅槃非相非不相。非物非不物等。亦淨名義。謂有無二者皆名爲法。所云非法。則不在也。非非法。則不出也。不出不在。則無言說。離言之道。非心所知。吾何敢妄言。而子欲聞之耶。

雖然。善吉有言。衆人若能以無心而受。無聽而聽者。吾當以無言言之。庶述其言。亦可以言。

此陳道本無言。亦可以因言顯道也。善吉須菩提之名也。義引般若須菩提云。我觀般若本無言說。若衆人能以無心而受。無聽而聽者。我當述佛之言。亦可以言之。意欲通難解迷。不得不言之耳。

淨名曰。不離煩惱而得涅槃。天女曰。不出魔界而入佛界。

此引二經證不出不在義也。淨名。卽弟子品文。天女。卽寶女所問經。第四偈曰。如魔之境界。佛境界平等。相應爲一類。以是印見印。據此經義。妙道本來不出不在。只在當人妙悟。豈可執言求實也。故下明妙悟。

然則玄道在於妙悟。妙悟在於卽眞。卽眞則有無齊觀。齊觀則彼己莫二。所以天地與我同根。萬物與我一體。同我則非復有無。異我則乖於會通。所以不出

不在而道存乎其間矣

此言涅槃妙道在乎妙悟等觀非言說可到也所言涅槃者乃法身寂滅之稱也大經云法身徧在一切處一切眾生及國土三世悉在無有餘亦無形相而可得此非妙悟不足以了達然妙悟要在卽物以見眞卽眞要在有無齊觀若能齊觀則物我不二如此則天地與我同根萬物與我一體若物我等觀則不落有無若物與我異心境角立則不能會通故所以言不出不在而妙存乎其間矣若不如此則取捨情生是非繆亂又何以見忘言之道乎

何則徵釋妙悟夫至人虛心冥照理無不統懷六合於胸中而靈鑒有餘鏡萬有於方寸而其神常虛

此言聖人照理達事。故卽事而眞也。由照眞理極。故事無不攝。故懷六合而有餘。鏡萬有而常虛。此聖人之心也。

至能拔言證窮也。玄根指涅槃實際也。於未始。言無始。指未迷已前。卽羣動以靜心。恬淡淵默。妙契自然。言由妙悟。故能眞窮惑盡。破無始之迷。徹法界之理。故權應羣機。卽動而常靜。無爲湛寂。妙契自然。

所以處有不有。居無不無。居無不無。故不無於無。處有不有。故不有於有。故能不出有無。而不在有無者也。

此言聖人理極情亡。故出在兩超。不墮有無之見也。由實智理窮。故處有不有。權應無方。故居無不無。以不無無故不滯於無。不有有故不著於有。如此所以不出有無而不在有無者也。豈可以一定於有無而求之哉。

然則法無有無之相。（境空）聖無有無之知。（心空）聖無有無之知。則無心於內。（亡知絕照）法無有無之相。則無數。（名相也）於外。（離名絕相）於外無數。（則境絕）於內無心。（則智絕）彼（境也）此（心也）寂滅。（心境雙絕）物我冥一。（物我如如）怕爾無朕。乃曰涅槃。

此歎聖人心境雙絕。物我如如。纖塵不立。乃曰涅槃。此爲聖人之極證。究竟涅槃之果也。

涅槃若此。圖度絕矣。豈容可責之於有無之內。又可徵之有無之外耶。

此責迷也。謂涅槃如此。超出思議圖度之境。豈容可以有無內外而求之耶。

難差第八

此承上言涅槃之道。心境不二。物我一如之妙。是爲平等無二之理。如此。何以三乘修證有差。既曰冥一。則不應有三。

有名曰。涅槃既絕圖度之域。則超六境之外。不出不在。而玄道獨存。斯則窮理盡性。究竟之道。妙一無差。

理其然矣。

名家敘頌涅槃超出有無之妙。爲窮理盡性之談。理其然矣。但理既一。而三乘所證。何以不同。故此下立難。

而放光云。三乘之道皆因無爲而有差別。佛言我昔爲菩薩時。名曰儒童。於然燈佛所已入涅槃。儒童菩薩時。於七住初獲無生忍。進修三位。

難意謂涅槃妙道既是一。則三乘所證不應有差。引放光義。金剛亦同。謂一切聖賢皆以無爲法而有差別。所謂證異也。儒童於然燈佛所已入涅槃。而又云時於七住獲無生法忍。圓教七住即權教七地。故言既入涅槃。則已證極果。如何後又進修三位耶。此疑涅槃未為極證也。此引證意下正難。

若涅槃一也。則不應有三。如其有三。則非究竟。究竟之道。而有升降之殊。眾經異說。何以取中耶。

此正難差也。若一。則不應有三。有三。則非究竟矣。既曰究竟之道。而有升降之不同。教有明言。又何以折中耶。

辯差第九

無名曰。然究竟之道。理無差也。法華經云。第一大道無有兩正。吾以方便為怠慢者。於一乘道分別說三。

三車出火宅。卽其事也。

此領難意理本一也。然有三乘者。乃卽一之三。權實之義耳。正法華云。是一乘道。寂然之地。無有二上。論正與經上。皆極果也。妙法華云。佛爲求道者。中路懈廢。爲止息故。以方便力。於一乘道分別說三。火宅喻先許三車。及諸子出宅。皆等賜一大車。是則本無有三。三非實法也。

以俱出生死。故同稱無爲。所乘不一。故有三名。統其會歸。一而已矣。

此言三乘會歸一極。以申答意也。

而難云。三乘之道。皆因無爲而有差別。此以人三三於無爲。非無爲有三也。故放光云。涅槃有差別耶。答曰無差別。但如來結習都盡。聲聞結習不盡耳。

此正答難意。但人有三。而涅槃之道本無三也。所以有差者。但如來煩惱無明結習已盡。三乘未盡。故有差耳。以結習盡處心契無爲名爲涅槃。故下以喻明。

請以近喻。以況遠旨。如人斬木。去尺無尺。去寸無寸。脩短在於尺寸。不在無也。

此喻最顯。言無無長短。意旨更妙。此法本不異。

夫以羣生萬端。識根不一。智鑒有淺深。德行有厚薄。

所以俱之彼岸而升降不同彼岸豈異異自我耳然則衆經殊辯其致不乖

此明法本不異異在於機智有淺深德有厚薄正不一之所以也彼岸豈異正示法一衆經隨機之說故不乖耳

責異第十

謂無爲之理既一如何能證之人有三蓋躡前致難也故云責異

有名曰俱出火宅則無患一也同出生死則無爲一也此頌旨也而云彼岸無異異自我耳此興疑也彼岸則無爲

岸也。我則體證也。無爲者也。立難意。下申難。請問我與無爲爲一爲異。若我卽無爲。無爲亦卽我。不得言無爲無異。異自我也。言我與無爲既一則無彼此之分。故不可言異自於我。若我異無爲。我則非無爲。我是衆生自屬有爲故非無爲。無爲自無爲。自一向無爲。我自常有爲。我在生死則一向有爲。冥會之致。又滯而不通。無爲有爲條然各別。故難通會。然則我與無爲一亦無三。若生死涅槃本來平等一際如此既一則畢竟無三。異亦無三。若生死與涅槃本來不同則生死自生死。涅槃自涅槃何有三乘之設。三乘之名何由而生也。進退推之。一亦無三異亦無三。如此則三乘之名何由而生耶。

會異第十一

名家執異以難非一。故無名會通無二。

無名曰。夫止此而此。意謂迷時涅槃即生死。適彼而彼。悟時生死即涅槃。所以同於得者得亦得之。證則三乘同證。同於失者失亦失之。迷則六道同迷。我適無爲我即無爲。無爲雖一。何乖不一耶。

此言生死涅槃本無二致。迷悟同源。以人證法。法則在人。故曰我適無爲我即無爲。人大則法亦隨大機。小則法亦隨小。是則無爲雖一。何妨因人而有三耶。

譬猶三鳥出網同適無患之域。無患雖同而鳥鳥各異。不可以鳥鳥各異謂無患亦異。又不可以無患既一而一於衆鳥也。然則鳥卽無患。無患卽鳥。無患豈異。異自鳥耳。

此喻顯法一而人異也。鳥喻衆生。網喻生死。無患喻涅槃。謂衆鳥出網無患一而鳥鳥異。異謂飛有遠近也。此以無患喻涅槃最妙。

如是三乘衆生俱越妄想之樊。同適無爲之境。無爲雖同。而乘乘各異。不可以乘乘各異。謂無為亦異。又不可以無為既一。而一於三乘也。然則我卽無為。無為卽我。無為豈異。異自我耳。

法合甚明。謂衆生同出生死。所證涅槃是一。但根有大小。智有淺深。故證有高下。此是異在人。不在法也。

所以無患雖同。而升虛有遠近。無為雖一。而幽鑒有淺深。無為卽乘也。乘卽無為也。此非我異無為。以未盡無為。故有三耳。

此喻法雙結生死涅槃本來不二。但出生死之人。未盡無爲之理。故有三乘之分。非有三法以待人也。此論正義。特顯生死涅槃不二之旨。學人不可以迷悟三一求之。

詰漸第十二

詰。難也。由前云未盡有三。是爲漸義。故此詰之。

有名曰。萬累滋彰。本於妄想。妄想既袪。則萬累都息。此言三乘斷惑同。二乘得盡智。菩薩得無生智。此言三乘智同。是時妄想都盡。結縛永除。結縛既除。則心無爲。此言三乘證理同心既無爲。理無餘翳。

此詰三乘斷惑證智證理皆同。同則不應取果有異也。萬累指枝末煩惱、妄想指根本煩惱。根本既斷、則枝末不生。故云都息。二乘盡智等、新疏引大品說三乘之人共十一智。第九名盡智、謂苦已盡見等。第十名無生智、謂苦已見而不更見等。則前之十智、聲聞皆有。盡智在已辦地得之。今云菩薩得無生智者、二地已上、第九菩薩地、阿鞞跋致、如實知諸法本自不生、今亦無滅、名無生智。不共二乘也。上引聲聞亦證無生、今言菩薩不共者、以二乘但盡生死、名爲無生。菩薩乃達諸法寂滅無生。故不共耳。通言三乘斷惑證理皆同、而取果不應有異。此乃名家約義以難。其實三乘斷惑不同、以二乘斷見思、菩薩斷塵沙、伏無明。霄壤有異、豈可同哉。學者不可不知也。

經曰。是諸聖智不相違背、不出不在、應作生字。其實俱空。

又曰無爲大道平等不二。

此引證三乘證理不異也。疏引放光云聲聞辟支佛菩薩佛世尊是諸聖智不相違背乃至云不出不在其實空者無有差殊今在字宜是生字智論解云因邊不起名爲不出緣邊不起名爲不生又曰下亦義引大品三慧品須菩提白佛言世尊無爲法中可得差別不佛言不也故義言大道平等無二。

旣曰無二則不容心異不體證也則已體應窮微而曰體而未盡是所未悟也。

言旣所證之理不二則能證之心又何容異以不異之心證不二之理不證則已證則窮微徹底而

曰體而未盡。是所未悟也。

明漸第十三

言結習不可頓盡。無爲不可頓證。譬如磨鏡。垢盡明現。

無名曰無爲無二。則已然矣。頌難理無差。結是重惑。可謂頓盡。亦所未喻。經云。理須頓悟。乘悟併消。事因漸除。因次第盡。經曰。三箭中的。三獸渡河。中渡無異。而有淺深之殊者。爲力不同故也。

二喻疏引毗婆沙論之義云。猶如一的。若木若鐵。衆箭所中。一無爲體。爲三想所行。又云。於甚深十二因緣河。能盡其底。是名爲佛。二乘不爾。如三獸渡河。謂象馬兎。兎則騰擲而渡。馬或盡底。或不盡底。香象於一切時。無不盡底。

三乘衆生。俱濟緣起之津。同鑒四諦之的。絶僞卽眞。同升無爲。然則所乘不一者。亦以智力不同故也。

此法合也。緣起十二因緣。乃廣四諦而說。故四諦有生滅。無生。無作。無量。四種不同。故是三乘同觀。故云俱濟同鑒。而斷惑證眞。同升無爲。亦各證自乘。故所乘不一。亦以智力不同故也。○下擧例難盡。

夫羣有雖衆。然其量有涯。正使智猶身子。辯若滿願。

窮才極慮。莫窺其畔。

此舉有爲之法難盡。以例無爲不可頓窮也。言萬物難多。各有涯量。直使智慧如身子。辯才如滿慈。窮其才。極其慮。亦莫能窺其邊。有爲如此。況無爲乎。涅槃云。佛言。我與彌勒等共論世諦。舍利弗等都不識知。何況出世第一義諦。

況乎虛無之數也妙重玄之域。其道無涯。欲之頓盡耶。

此法合也。虛無重玄。用老子文。玄之又玄。故曰重玄。皆況涅槃無爲之義。言有爲之數。二乘之智。尚不能窮。況涅槃無爲之道乎。譬如大海無涯。而操舟有里數。太虛寥廓。而翔翮有遠近。三乘之人。於涅槃之道。亦猶是也。

書不云乎。爲學者日益。爲道者日損。爲道者爲於無爲者也。爲於無爲而曰日損。此豈頓得之謂。要損之又損之以至於無損耳。經喻螢日。智用可知矣。

引老子爲學日益。爲道日損。損之又損。至於無損。以明漸斷漸證之義。至於無損者。至無可損爲極證耳。螢日。放光義云。二乘之智如螢火虫。不敢作念偏照閻浮。菩薩之智譬如日出。徧照閻浮。生盲之人。皆得利益等。

譏動第十四

如前所云。既以取捨爲心。損益爲行。是則尚求之心擾動未息。何以動擾之心。證不動無爲之理乎。

故譏以詰之。

有名曰。經稱法身已上入無爲境。心不可以智知。形不可以象測。體絕陰入。心智寂滅。上明無爲之理而復云進修三位積德彌廣。此明好尚之心夫進修本因也於好尚積德生起也於涉求好尚則取捨情現涉求則損益交陳既以取捨爲心。損益爲體。言體究行也。而曰體絕陰入。心智寂滅。此文乖致殊。而會之一人。無異指南爲北以曉迷夫。

此躡前進修損益以與難也。經稱法身已上。謂初登地。已契法身。證眞如理。故云入無爲境。以無分別智現身益物。故云心不可以智知。形不可以象測。至七地頓捨藏識。故云體絕陰入。證平等眞如。故云心智寂滅。自此復進修三位。方成佛果。此引經按定。下申難意。謂進修積德。本於好尚涉求。凡好尚則取捨未忘。涉求則損益交陳。既有取捨損益之心。則動擾未息。而又曰體絕陰入。心智寂滅。此則文乖於理。如何會之一人。以動心而取靜理。無異指南爲北也。

動寂第十五

前名家譏動。今答以動寂。而不言寂動者。以問家但譏其動。謂動則違寂。不知動時全寂。故云動寂。

無名曰。經稱聖人無爲而無所不爲。

此引證聖人動靜一如總答難意也經卽放光云佛言適無所爲故行般若波羅密無所爲寂也無所不爲動也卽寂而動故雖動而常寂故下廣明進修無取捨

無爲故雖動而常寂無所不爲故雖寂而常動雖寂而常動故物心也莫能一以體用雙彰故莫能一雖動而常寂故物境也莫能二以心境一如故莫能二物境也莫能二故逾動逾寂物心也莫能一故逾寂逾動此言聖心寂照雙流體用雙彰故心境一如動靜不二豈可動靜而二其聖心哉

所以爲卽無爲無爲卽爲動寂雖殊而莫之可異也

此證經義以明動靜不二之所以也。○下明聖心絕待。答前積德。

道行云。心亦不有亦不無。

此引經證聖心不涉有無。以明積德非有心也。雖好尚涉求。似分身心。而總攝於心。故言積德雖涉求。亦非有心。亦非無心。任運而已。

不有者。不若有心之有。不無者。不若無心之無。

此釋經義揀非斷常也。言不有者。不是絕無但不似眾生之有心耳。言不無者。不是實有但不比無情之無耳。

何者。有心則眾庶是也。無心則太虛是也。眾庶止於妄想。太虛絕於靈照。豈可止於妄想。絕於靈照。標其神道。指涅槃而語聖心者乎。

此重明聖心不有不無之所以也。若有心則是凡夫。無心則是太虛。凡夫則所止於妄想。太虛則絕然無知。豈可以妄想無知以擬涅槃妙道。以語聖心為有無哉。

是以聖心不有。不可謂之無。絕無聖心不無。不可謂之有。實有

此雙遮聖心不屬有無。以遣妄見。

不有故心想都滅。不比凡夫不無故理無不契。不比太虛理無

不契故萬德斯弘心想都滅故功成非我

以明離過顯德以彰聖心本無涉求也以滅妄想又非無知乃離二邊之過故能證一眞之理故云理無不契以證一眞法界則恆沙性德總在心源故萬德斯弘以妄想盡滅則永絕貪求故雖功成而非我證如此又何好尚涉求之有哉

所以應化無方未嘗有爲寂然不動未嘗不爲經云心無所行無所不行信矣

此總結答難意謂聖心無爲而爲寂然而應如此豈有爲好尚涉求之心而以動擾譏之哉引經證一致可知

儒童曰。昔我於無數劫國財身命施人無數。以妄想心施。非爲施也。今以無生心。五華施佛。始名施耳。

儒童義引智論事。謂以身命等施。出妄想心。求五波羅密。未有所得。今見然燈。以五華供佛。布髮掩泥。即得無生法忍。滿足波羅密等。謂七地以前。有相觀多。未達三輪體空。名住相布施。非眞施也。至第八無相地。證平等眞如。三輪空寂。故即得受記。故云始是施耳。意謂聖心果有好尚涉求。豈能證無爲之理乎。

又空行菩薩入空解脫門。方言今是行時。非爲證時。

此引放光義。言菩薩已入空解脫門。方言乃是行時。非爲證時。意謂單空尚不能證。況動心乎。顯寂用同時爲眞行耳。

然則心彌虛。行彌廣。終日行。不乖於無行者也。

謂菩薩巳入空解脫門。依空起行。則寂而常照。故心心寂滅。行行契眞。所以動而常寂也。

是以賢劫稱無捨之檀。成具美不爲之爲。禪典唱無緣之慈。思益演不知之知。聖旨虛玄。殊文同辯。

連引四經以證不爲而爲之義。梵語檀那。此云布施。賢劫經說一切諸法無有與者。是名布施。成具云不爲而過爲。禪經說慈心三昧。有無緣之慈。思益云無取捨之知方爲知。此上四義。皆言不爲而爲之旨。故云殊文同辯。

豈可以有爲便有爲。無爲便無爲哉。菩薩住盡不盡平等法門。不盡有爲。不住無爲。卽其事也。而以南北爲喻。殊非領會之唱。

此責其動靜異見。而引經證義也。菩薩下。卽義引淨名經略云。上方香積世界菩薩。欲還本國。向佛求法。佛言。有盡無盡法門。汝等當學云云。如菩薩者。不盡有爲。不住無爲。彼疏云。有爲雖僞捨之而大業不成。無爲雖實住之而慧心不朗。卽其事者。正同前動寂無礙之旨也。若有無異見。動寂殊觀。而以南北爲喻。豈能領會聖心哉。

窮源第十六

窮謂窮討。源謂根源。由聞前說。已知動靜不二。今則行成必證。未審能證之人。與所證之法。誰先誰後。

有名曰。非眾生無以御也。控進 三乘。非三乘無以成涅槃。然必先有眾生。後有涅槃。是則涅槃有始。有始必有終。約人。則人先法後。約法。則法先人後。而經云。涅槃無始無終。湛若虛空。則涅槃先有。非復學而後成者也。

此難涅槃與人兩異。設難若先有眾生。是眾生證得。則涅槃有始終。若先有涅槃。則不屬修得。何言眾生得涅槃耶。此難似不易通。下答以涅槃無始無終。無古無今。浩然大均。物我無二。唯會物爲己即是聖人。
亦無始得。

通古第十七

意謂涅槃之體。性自常然。無古無今。何有始終。萬法本寂。當體涅槃。三乘悟此。即爲證得。亦無先後。但以智契理。理智冥一。唯心契會。故無始終。

無名曰。夫至人空洞無象。而萬物無非我造。會萬物以成己者。其唯聖人乎。

言聖人一心寂滅。空洞無象。以隨緣成事。故三界萬法唯心所現。故云無非我造。以諸法寂滅之體。即是涅槃。若能了達萬法唯心。法法皆歸自己。是名聖人證得涅槃。但是以如如智照如如理。理智冥一。是爲涅槃。豈有先後始終於其間哉。即此一語盡破其疑。

何則。徵釋理智一如。非理不聖。非聖不理。理而爲聖者。聖不異理也。

理即萬法一眞之理。聖謂照理之智。謂非契理不足以彰聖智。故云非理不聖。非智不足以證理。故云非聖不理。以證理而爲智。故智不異理。平等一心。是爲證得涅槃。

故天帝曰。般若當於何求。善吉曰。般若不可於色中求。亦不離色中求。又曰。見緣起爲見法。見法爲見佛。斯則物我不異之效也。

由上云一心成萬法。照萬法唯一心。名爲涅槃。萬法境寬。今就五蘊中舉一色法以明。則法法皆然。故引天帝之問。乃大品經散花品文。謂般若乃能照之智。萬法乃所照之境。今但舉色法以例餘。言心境非一。故不可於色中求。以心境非異。故不離色中求。以色卽是空。空卽如如。如無如外智能證於如。故云不離不卽。不卽不離。是爲一心中道。又曰下義引涅槃經文。緣起十二因緣也。見緣起性空。是爲見法。見法卽見佛。斯則物我不異之效也。又何有先後始終哉。

所以至人戢（止也）玄機（智也）於未兆。藏冥（寂也）運（動也）於卽化。總六合以鏡心。一去來以成體。古今通。始終同。窮本極末。莫之與二。浩然大均。乃曰涅槃。

此正出涅槃之體也未兆寂然不動之境也謂聖人以眞智照理止於寂然不動之先運卽寂之動潛於萬化之域六合不離一心故云總古今不離一念故云一去來故十世古今始終不離當處故云通云同窮本極末究竟一際浩然大均乃曰涅槃涅槃之道如此廣太虛寂豈可以先後始終而擬之哉

經曰不離諸法而得涅槃又曰諸法無邊故菩提無邊

此引證諸法卽眞故心境不二也放光云諸法無邊際故般若波羅密亦無際此證理智皆依諸法以顯心境不二也

以知涅槃之道存也。在乎妙契。妙契之致本也。因乎冥一。

依聖言量因知涅槃之道。單在妙合心境。心境如如。因乎理智冥一。此外無可證者。

然則物也境不異我也。心我不異物。物我玄也。冥會歸乎無極。

理智一如。物我無二。忘心絕照。冥會一心。故曰歸乎無極。蓋寄無極之言。以顯一心廣大寂滅之體耳。

進之弗先。退之弗後。豈容終始於其間哉。

謂三乘證之而弗先。六道迷之而非後。無古無今。前後際斷。豈容終始於其間哉。

天女曰耆年解脫亦如何久。

此引證久近也。淨名身子問天女止此此室其已久如。曰如耆年解脫。身子曰止此久耶。天女云云。謂身子所得解脫。豈屬久近之時耶。

考得第十八

承上不離諸法而得涅槃。因之稽考盡陰存陰違教違理。當何得乎。所以末後辯者。謂從前決擇修悟已周。意顯極證故也。

有名曰。經云衆生之性極於五陰之內。又云得涅槃者五陰都盡。譬猶燈滅。上引經定理。下申難。然則衆生之性頓盡於五陰之內。涅槃之道獨建於三有之外。邈然殊域。非復眾生得涅槃也。陰盡無得違。果若有得。則眾生之性不止於五陰。必若止於五陰。則五陰不都盡。五陰若都盡。誰復得涅槃耶。存陰有得違。

難意謂眾生得涅槃。然眾生之性止於五陰之內。且涅槃獨建於三有之外。此則內外本自相懸。今云五陰都盡。乃得涅槃。然五陰已盡於內。又誰得界外之涅槃耶。此則陰盡無能得者也。若眾生果得涅槃者。則性不止於五陰矣。若止於五陰。則五陰不盡。若五陰都盡。誰復得涅槃耶。此則陰存而無得者也。未達五陰空寂。即是涅槃故耳。

玄得第十九

得無所得。無得而得。故云玄得。

無名曰。夫眞由離起。顯也。僞因著生。著故有得。離故無名。

謂涅槃眞理。由超情離見而顯。分别妄僞。由執著名相而生。故執名相者爲有得。離情見者故無名。

是以則法也。眞者同眞。法僞者同僞。子以有得爲得。故求於有得耳。吾以無得爲得。故得在於無得也。

言凡取法於眞者則契眞。執著於僞者則同僞。故不以有得爲眞。以無得爲得耳。此正申玄得之旨也。

且談論之作。必先定其本。既論涅槃。不可離涅槃而語涅槃也。若卽涅槃以興言。誰獨非涅槃。而欲得之耶。

若剋體而言涅槃。則一切衆生本來涅槃。故云誰獨非涅槃而欲得之耶。以一切法本來如故。○此標宗。下辯義。

何者。徵釋正義。夫涅槃之道。妙盡常數。泯絕諸相。融和也。治銷也。二儀。蕩滌萬有。均天人。同一異。內視不己見。返聽不我聞。未嘗有得。未嘗無得。

此辯涅槃妙體也。以涅槃妙體離一切相。故云妙盡常數。二儀。天地也。萬有。萬物也。經云。一人發眞歸元。十方虛空悉皆銷殞。何況空中所有國土而不振裂。故云融冶二儀。蕩滌萬有。由此所以均天人。同一異也。以非色故內視不己見。以非聲故返聽不我聞。以寂漠沖虛故未嘗有得。以諸法寂滅平等無二故未嘗無得。

經曰。涅槃非衆生。亦不異衆生。維摩詰言。若彌勒得滅度者。一切衆生亦當滅度。所以者何。一切衆生本性常滅。不復更滅。此名滅度在於無滅者也。

引涅槃經義。言涅槃之體。永離生滅。故非衆生。以衆生之性。本來寂滅。故不異涅槃。引淨名經義。彌勒若得滅度者。則一切衆生亦當滅度。以一切衆生本性畢竟寂滅。卽涅槃相。不復更滅。此名滅度。在於無滅。豈有盡五陰而求涅槃。又豈可存五陰而別求得涅槃耶。

然則衆生非衆生。（以性空故）誰爲得之者。（無能得之人）涅槃非涅槃。（以離相故）誰爲可得者。（無所得之法）放光云。菩提從有得耶。答曰不也。從無得耶。答曰不也。從有無得耶。答曰不也。離有無得耶。答曰不也。然則都無得耶。答曰不也。是義云何。答曰無所得故爲得也。是故得無所得也。無所得謂之得者。誰獨不然耶。

言得涅槃者。以衆生性空。故無能得之人。涅槃寂滅離相。故無可得之法。能所雙忘。故無所得爲得。以無所得爲得者。則一切諸法本來寂滅。不復更滅。斯則法法眞常。生佛平等。且誰獨不然耶。

然則玄道在於絶域。故不得以得之。妙智存乎物外。故不知以知之。大象隱於無形。故不見以見之。大音匿於希聲。故不聞以聞之。

此言涅槃之體。超心境。絶見聞。結示玄得之方也。玄道。指涅槃實際。爲所觀之境。以體絶諸相。故稱絶域。以此非所得之境。故不得以得之。妙智。謂能證之智。實智照理。離諸對待。故云物外。以寂而照。

故不知以知之以一眞法界謂之大象無狀無形非可見之境故不見以見之寂滅圓音謂之大音羣動永息非妄聞可及故不聞以聞之

故能囊括終古導達羣方亭毒（養育也）蒼生疏而不漏汪哉洋哉何莫由之哉

上示涅槃玄得之體此顯無方大用也故能爾者由自體甚深所以能德用廣大囊括義取易云括囊無咎謂結其囊口今取包括無遺之義謂涅槃眞常不但無始亦且無終今古常然故云囊括終古導開引也達示悟也羣方九界眾生也由其用廣故開悟九類養育羣生以眾生迷之而不返似爲疏遠如不修則已修而即得故云不漏汪洋無涯故聖凡以之而出入依正以之而建立法界以

之而恢張。因果以之而不昧。故曰何莫由之哉。

故梵志曰。吾聞佛道厥其也義弘廣也深。汪洋無涯。靡無也不成就。靡不度生。

此引梵志歎佛之言。以證涅槃化生之用。

然則三乘之路開。眞僞之途辯。賢聖之道存。無名之致顯矣。

此總結宗極也。一論所述。九折皆三乘權敎之跡。十演乃一乘之實。今論開權顯實。故云三乘之路開。無名顯理爲眞。有名執跡爲僞。如上所論眞僞自辯。以時宗廓無聖。秦主斥曰。若無聖人。知無無者誰。故論主奉詔作論。以破無聖斷見之執。今言儒童進修空行。起行是有能修能證之人。故曰賢聖之道存。名家按名責實。今論主發揮無名之致。故云顯矣。

涅槃無名論　終

肇論略注後跋

此論言未及二萬題方稱五篇義則席卷聲教囊括衆經而罄佛淵海者矣論主因見教中談眞指不遷導物開流動悉未忘標指者依文解二而二其心故且翻其辭改其名曰物不遷曰不眞空等文似相角而義實相符所造未嘗異而所見未嘗同也然推論主心蕩無纖異實爲暢我　佛攝末歸本之懷是以卽物而論虛玄之標高揭物我同根此不異雜華云

法性本無生。示現而有生。是中無能現。亦無所現物。能現所現既即無。昔來今往又何朕。故曰。昔人非昔人。野馬或不動。良有此深因。非驟而語不遷後尚有約義而駁其文者。有臨文而駭其義者。然又有駁其駁者。迄我

明憨山大師主盟此道。執牛耳於宗途。已探此論之奧。而識其微。因見言路縱橫。學人首鼠兩端。莫之趨向。即搦管作疏。弄丸其間。析諸家之難。而闡其幽旨。名曰略注。古今開闢。本末貫通。借曰

千途異唱。會歸同致矣。愚意在昔毗耶大士爲世尊敎海汪洋。代下一轉語。卽令五百弟子飽餐香積而消之。繼踵肇公論主復白一椎。至今憨山大師筆底。方能轉身吐氣。抑亦爲論主作此一轉語耶。而始令人悟入宗本。開無知般若。鑒不眞空。了物不遷。而無名涅槃。卽可證。此又一餐香積矣。雖各相去千有餘年。要知般若光中。以燈續燈。若旦暮遇之也。注成。大師尚固扃鐍以藏之。恰有居士雲山合掌請曰。摩尼妙在普雨。而法寶幸流通。弟子雖處缾之罄。因惜自他慧命如絲。願貸粟監河。但得金二十五。便可資棗棃氏流行。而皆沾其法味。幸何如哉。大師領而授之。來命跋於不肖。因贊之曰。向之於此論也。但登其枝而忘其本。咀其華而不食其實者眾矣。今得大師信筆注成。又爾居士信心刻之。今而後之於此論也。可括目矣。必能達其本根矣。此其論之中興也歟。

萬曆歲次丁巳孟秋　華山法姪慧浸識

國家圖書館出版品預行編目資料

肇論略注 / （明）憨山德清撰述. -- 1 版. -- 新北市：
華夏出版有限公司, 2022.12
面； 公分. --（Sunny 文庫；236）
木刻珍藏版
ISBN 978-626-7134-16-0（平裝）
1.CST：佛教教理

220.1 111006181

Sunny 文庫 236
肇論略注（木刻珍藏版）

撰 述 （明）憨山德清
印 刷 百通科技股份有限公司
電話：02-86926066 傳真：02-86926016
出 版 華夏出版有限公司
220 新北市板橋區縣民大道 3 段 93 巷 30 弄 25 號 1 樓
電話：02-32343788 傳真：02-22234544
E-mail： pftwsdom@ms7.hinet.net
總 經 銷 貿騰發賣股份有限公司
新北市 235 中和區立德街 136 號 6 樓
電話：02-82275988 傳真：02-82275989
網址：www.namode.com
版 次 2022 年 12 月 1 版
特 價 新台幣 400 元（缺頁或破損的書，請寄回更換）

ISBN： 978-626-7134-16-0